Sachrechnen und Größen

Erarbeitet von

Judith Beerbaum, Anja Göttlicher,
Sarah Pfleger, Britta Wettels
und Stephanie Zippel

in Zusammenarbeit mit der
Westermann-Grundschulredaktion

Unter Beratung von

Henrieke Peter

Illustriert von

Angelika Citak und Karoline Kehr

Flex und Flo
Mathematik

Zeichenerklärung

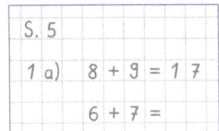 Du löst alle Aufgaben in deinem Heft. Hier findest du ein Beispiel für den Hefteintrag.

 Male/Zeichne mit der entsprechenden Farbe in dein Heft.

 Benutze Material,

 Bearbeite die Aufgabe in Partnerarbeit.

 Mathekonferenz: Tausche dich mit anderen Kindern über deine Ideen, deine Vorgehensweise oder deine Ergebnisse aus.

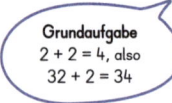 Hier steht ein neues Fachwort.

Addieren heißt plus rechnen.

Grundaufgabe 2 + 2 = 4, also 32 + 2 = 34

Hier steht ein neues Fachwort oder ein neues Beispiel, wie du über Mathematik sprechen kannst.

 Verweis auf weitere Übungen auf den angegebenen Seiten im Flex und Flo Arbeitsheft 3 (Ausgabe 2021)

 Verweis auf passenden Diagnosetest im Flex und Flo Diagnoseheft 3 (Ausgabe 2021)

 Verweis auf passende herausfordernde Aufgaben in der Flex und Flo Entdeckerkartei 3 (Ausgabe 2021)

 Verweis auf passende interaktive Übungen

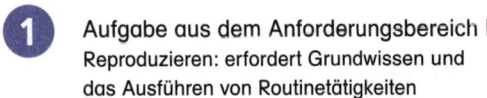 Aufgabe aus dem Anforderungsbereich I
Reproduzieren: erfordert Grundwissen und das Ausführen von Routinetätigkeiten

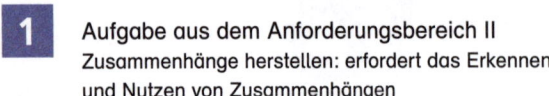 Aufgabe aus dem Anforderungsbereich II
Zusammenhänge herstellen: erfordert das Erkennen und Nutzen von Zusammenhängen

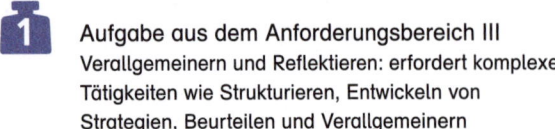 Aufgabe aus dem Anforderungsbereich III
Verallgemeinern und Reflektieren: erfordert komplexe Tätigkeiten wie Strukturieren, Entwickeln von Strategien, Beurteilen und Verallgemeinern

 Einführung von Fachwörtern oder Redemitteln
Eine Sammlung der im Heft eingeführten Fachwörter und Redemittel zum Nachschlagen findet sich auf der letzten Doppelseite und der Beilage „Fachwörter und Redemittel 3".

 Medienbildung und Mathematiklernen verbinden
Anregung zur Bearbeitung mathematischer Lerninhalte mit digitalen Werkzeugen

 Tipp zur Verknüpfung der Themenhefte

Inhaltsverzeichnis

Sachrechnen – Tipps

Sachaufgaben lösen

Tipp

Lies den Text genau.	Erzähle jemandem die Aufgabe mit deinen Worten.

Wie heißt die Frage?

Welche Angaben sind wichtig?	Markiere oder notiere wichtige Angaben.
Wie musst du rechnen?	$+$ $-$ $\cdot$ $:$
Schreibe die Lösung auf.	Es kann eine Rechnung, eine Skizze oder eine Tabelle sein. Überprüfe dein Ergebnis (Umkehraufgabe, Überschlag).
Schreibe eine Antwort.	Überprüfe die Antwort. Passt sie zu der Frage?

1

a) Lies den Text. Erzähle deinem Partnerkind die Aufgabe mit deinen Worten.

> Enes ist acht Jahre alt. Seine Schwester ist drei Jahre jünger.
> Enes liest seiner Schwester ein Buch vor.
> Das Buch hat 87 Seiten. 36 Seiten hat er schon gelesen.

b) Welche Fragen könnt ihr beantworten?

A: Wie alt ist Enes?

B: Wie viele Seiten hat das Buch insgesamt?

C: Wie lange liest Enes heute?

D: Wie alt ist Enes Schwester?

E: Wie viele Seiten muss Enes noch lesen?

2

Clara ist sieben Jahre alt.
Sie liest ein Buch mit 35 Seiten.
Wie viele Seiten muss sie noch lesen?

a) Die Frage kann man nicht beantworten. Erklärt.
b) Ergänzt die Rechenaufgabe so, dass ihr sie lösen könnt.

Vorherige Bearbeitung Themenheft Addieren und Subtrahieren bis S. 7 und Themenheft Multiplizieren und Dividieren bis S. 7 empfohlen.

Sachrechnen – Frage, Lösung, Antwort

Wie heißt die Frage?

Wie musst du rechnen?

Schreibe eine Antwort.

1 Ordne jeder Frage die passende Antwort zu.
Welche Frage kannst du beantworten ohne zu rechnen?

Alex und Esra sammeln Fußballsticker.
Es gibt 100 unterschiedliche Sticker.
Esra hat schon 67 verschiedene Sticker.
Alex hat 12 weniger.

A: Wie viele Sticker hat Alex?

B: Wie viele verschiedene Sticker gibt es?

C: Wie viele Sticker braucht Esra noch?

1: Es gibt 100 verschiedene Sticker.

2: Esra braucht noch 33 Sticker.

3: Alex hat 79 Sticker.

4: Esra braucht noch 43 Sticker.

5: Alex hat 55 Sticker.

2 Wie musst du rechnen? Schreibe die Aufgabe in dein Heft und löse sie.

a)
Lars sammelt Autos. Er hat zwei Kisten. In der einen Kiste
sind 27 Autos. In der anderen Kiste sind 43 Autos.
Wie viele Autos hat Lars?

27 + 2

43 – 27

27 + 43

b)
Lena hat 40 € gespart. Sie kauft sich Tischtennis-
schläger und einen Ball für insgesamt 15 €.
Wie viel Geld hat sie noch?

40 € – 15 €

40 € + 15 €

15 € + 15 €

3 Lies den Text genau und
finde eine passende Frage.
Löse deine Aufgabe.

Hier musst du
Frage, Lösung und Antwort
aufschreiben.

a)
Linus und Melek gehen ins Kino.
Eine Karte kostet 5 €.
Melek kauft noch Popcorn für 3 €.

b)
Paula hat zwei Hamster. Diese
haben acht Junge bekommen.
Drei davon sind ganz weiß.

3 a)	F.:
	L.:
	A.:

AH S. 50

Sachrechnen – Angaben prüfen

Welche Angaben sind wichtig?

Markiere oder notiere wichtige Angaben.

1 Flex und Flo haben wichtige Angaben aus der Rechengeschichte aufgeschrieben.
Wer hat alle wichtigen Angaben notiert? Begründet.

Eis   2 €
Waffel   3 €
Kakao   2 €

Frau Kersten kauft zwei Eis, eine Waffel und einen Kakao. Sie bezahlt mit einem 20 €-Schein. Wie viel Geld bekommt sie zurück?

Flex:	
Eis	2 €
Waffel	3 €
Kakao	2 €
bezahlt mit	20 €

Flo:	
2 Eis jedes	2 €
1 Waffel	3 €
1 Kakao	2 €
bezahlt mit	20 €

2 Findet eine Frage. Schreibt alle wichtigen Angaben auf. Löst die Aufgabe und antwortet.

Wurst   3 €
Pommes   2 €
Limo   1 €

a) Herr Mertens kauft eine Wurst und drei Limos. Er bezahlt mit einem 20 €-Schein.

b) Familie Wolf kauft drei Portionen Pommes, zwei Limos und eine Wurst. Die Mutter bezahlt mit einem 50 €-Schein.

3 Max ist doppelt so alt wie sein Bruder, aber nur halb so alt wie seine Schwester. Wie alt sind die Geschwister?

a) Welche Angaben brauchst du nicht für die Lösung der Aufgabe?

A: Seine Schwester heißt Pia.

B: Max ist im zweiten Schuljahr.

C: Seine Schwester ist 12 Jahre alt.

D: Max wiegt 24 Kilogramm.

3 a)   Ich brauche nicht: ...

b) Löse die Aufgabe.

4 Welche Angaben fehlen, damit du die Aufgaben lösen kannst?
Ergänze die Rechengeschichte mit passenden Angaben und löse die Aufgaben.

a) Paula fährt mit dem Fahrrad drei Kilometer zu ihrer Freundin. Zusammen fahren sie weiter zu Paulas Oma. Wie viel Kilometer ist Paula gefahren?

b) Paulas Oma lädt die beiden zu einem Eis ein. Jedes Mädchen isst ein Eis mit zwei Kugeln. Wie viel muss Paulas Oma bezahlen?

S1

Sachrechnen – Angaben in Tabellen

Name	Größe	Alter	Hobby
Tom	143 cm	9 Jahre	Handball
Lea	139 cm	10 Jahre	Singen

Lea ist 139 cm groß.

Toms Hobby ist …

1 Beantworte die Fragen mithilfe der Tabelle.

a) A: Wie groß ist Tom? B: Wie alt ist Tom? C: Welches Hobby hat Tom?

b) A: Wie groß ist Lea? B: Wie alt ist Lea? C: Welches Hobby hat Lea?

Name	Größe	Alter	Hobby
Jill	134 cm	8 Jahre	Reiten
Mustafa	140 cm	9 Jahre	Hockey
Nora	147 cm	9 Jahre	Fußball
Jakob	142 cm	10 Jahre	Hockey
Laura	138 cm	9 Jahre	Lesen

2 a) Beantworte die Fragen mithilfe der Tabelle.

A: Wie groß ist Mustafa? B: Wie alt ist Jakob?

C: Wer ist 8 Jahre alt? D: Wer spielt gerne Fußball?

b) Schreibe zwei eigene Fragen zu der Tabelle auf und beantworte diese.

3 Welches Kind ist gemeint? Schreibe den Namen auf.

a) Es ist nicht das älteste, aber das größte Kind.

b) Das Kind ist nicht das älteste. Sein Hobby ist Hockey spielen.

c) Es ist ein Mädchen, aber nicht das jüngste. Drei Kinder sind größer.

4 Erstellt eine ähnliche Tabelle für einige Kinder aus eurer Klasse.
Beschreibt ein Kind. Lasst die anderen raten, welches Kind ihr gemeint habt.

4 ▣ **Textverarbeitung:** Tabelle mithilfe eines Textverarbeitungsprogramms erstellen,
Vorlage in der BiBox für Lehrer/-innen.
▭ Vorherige Bearbeitung Themenheft Addieren und Subtrahieren bis S. 33 empfohlen.

7

Sachrechnen – Mit Tabellen lösen

So löst du die Aufgabe mit einer Tabelle.

Schreibe die Lösung auf.

Herr Steffen verkauft
in seinem Kiosk Luftballons.
Ein Luftballon kostet 12 ct.
Lea kauft fünf Luftballons.
Wie viel muss sie bezahlen?

Einer kostet 12 ct ...
Zwei kosten
12 ct + 12 ct = 24 ct.
24 ct + 12 ct = ...

Anzahl Luftballons	Preis
1	12 ct
2	24 ct
3	
4	
5	

1 Zeichne eine Tabelle wie Flex in dein Heft.
Fülle sie aus und löse damit die Aufgabe.

2 Herr Steffen verkauft in seinem Kiosk auch Süßigkeiten.
Damit er nicht jedes Mal lange rechnen muss,
hat er Tabellen für die Preise erstellt.
Für saure Schlangen sieht sie so aus:

Wie viel kosten 7 saure Schlangen,
10 saure Schlangen, 20 saure Schlangen?

Zeichne eine Tabelle wie Herr Steffen in dein Heft.
Fülle sie aus und löse damit die Aufgabe.

Drei Schlangen kosten 60 ct.
Vier Schlangen kosten 80 ct.
Dann kosten
sieben Schlangen ...

2) Anzahl Schlangen	Preis
1	2 0 ct
2	4 0 ct
3	6 0 ct
4	8 0 ct
5	
7	
1 0	
2 0	

3 Löse diese Aufgaben mit einer Tabelle.

a) Ein Lutscher kostet 15 ct.
Wie viel kosten 2, 3, …, 10 Lutscher?

b) Ein Schokoriegel kostet 60 ct.
Wie viel kosten 2, 4, 7, 15 Schokoriegel?

4 Löse diese Aufgaben mit einer Tabelle.

a) In der Bäckerei Müller werden jeden Tag
sechs Torten gebacken. Aus jeder Torte
kann man 16 Stücke schneiden.

b) Für ein Konzert werden
acht Stuhlreihen aufgestellt.
In jeder Reihe stehen 11 Stühle.

Sachrechnen – Mit Skizzen lösen

So löst du die Aufgabe mit einer Skizze.

Schreibe die Lösung auf.

Sarah ist 10 cm größer als Lea. Lea ist 137 cm groß. Wie groß ist Sarah?

1 Welche Skizze passt zu der Aufgabe? Erklärt.

2 Welche Skizze passt zu der Aufgabe?

Tom ist 5 cm kleiner als Emma. Emma ist 139 cm groß. Wie groß ist Tom?

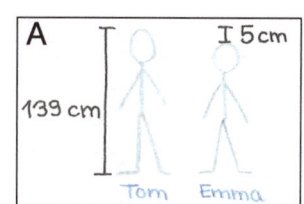
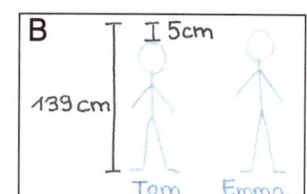

3 Löse die Aufgabe mit einer Skizze.

Olli ist 20 cm kleiner als sein großer Bruder Leon. Leon ist 152 cm groß. Wie groß ist Olli?

4 Welche Skizze passt zu der Aufgabe?

a) Semih kauft drei Bälle für jeweils 2 € und einen Schläger für 14 €.

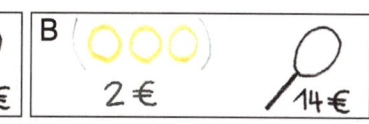

b) Li kauft fünf Hefte für insgesamt 4 € und zwei Bücher für jeweils 6 €.

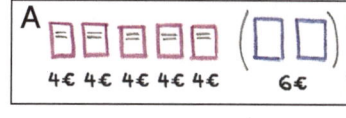
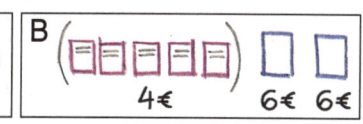

5 Löse die Aufgaben mit einer Skizze.

a) Elias kauft zwei Bücher für jeweils 5 € und eine CD für 8 €.

b) Lisa kauft zwei Radiergummis für insgesamt 4 € und drei Glitzerstifte für jeweils 2 €.

6 Welche Skizze passt zu der Aufgabe?

Nele und Fatima stehen 100 m voneinander entfernt. Sie gehen aufeinander zu. Nele geht 20 m, Fatima geht 25 m. Wie weit sind sie jetzt noch voneinander entfernt?

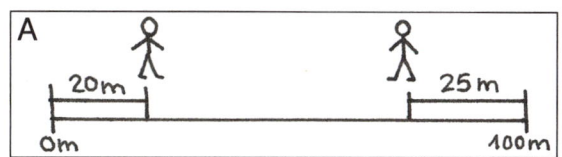
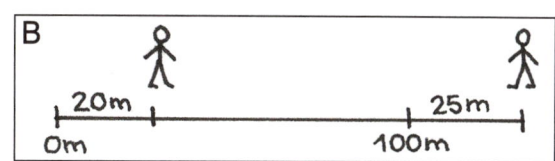

Sachrechnen – Übungen

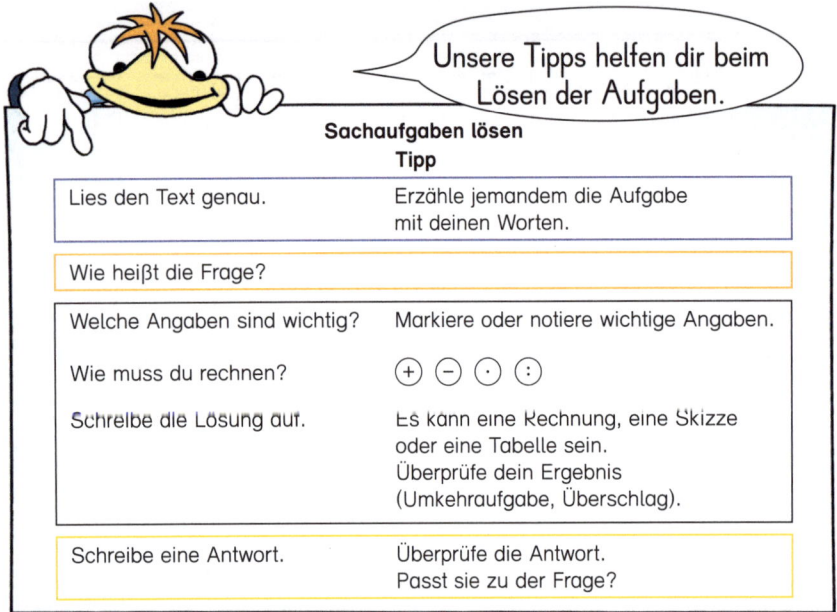

Unsere Tipps helfen dir beim Lösen der Aufgaben.

Sachaufgaben lösen
Tipp

Lies den Text genau.	Erzähle jemandem die Aufgabe mit deinen Worten.
Wie heißt die Frage?	
Welche Angaben sind wichtig?	Markiere oder notiere wichtige Angaben.
Wie muss du rechnen?	$+$ $-$ $\cdot$ $:$
Schreibe die Lösung auf.	Es kann eine Rechnung, eine Skizze oder eine Tabelle sein. Überprüfe dein Ergebnis (Umkehraufgabe, Überschlag).
Schreibe eine Antwort.	Überprüfe die Antwort. Passt sie zu der Frage?

1 Bauer Heiko und Bäuerin Monika haben auf ihrem Bauernhof
45 Hühner und zwei Hähne. Heute haben die Hühner 38 Eier gelegt.
12 davon braucht Bäuerin Monika, um Kuchen für den Hofladen zu backen.
Wie viele Eier können heute verkauft werden?

2 Familie Kliminski kauft jede Woche im Hofladen eine „grüne Kiste"
mit Eiern, Obst und Gemüse. Sie kostet 12 €.
a) Wie viel bezahlt die Familie für die „grüne Kiste" für 2, 3, 4, 5, 10 Wochen?
b) Wie viel bezahlt sie in einem ganzen Jahr?

3 Für die Kühe muss Bauer Heiko jeden Tag 14 Schubkarren mit Trockenfutter holen.
Wie viele Schubkarren sind das in einer Woche?

4 Frau Sommer kauft im Hofladen zwei Brote für insgesamt 5 € und drei Stücke Käse für je 3 €.

5 Auf dem Hof leben genau doppelt so viele Kühe wie Pferde.
Zusammen sind es 27 Tiere.

6 Mia, Selina, Nick und Elisa reiten mit den Pferden aus.
Nick reitet vor Mia und hinter Elisa. Elisa reitet nicht als Erste.
In welcher Reihenfolge reiten die Kinder?

7 Auf dem Hof gibt es auch Ziegen und Enten. Zusammen sind es 15 Tiere mit 42 Beinen.

8 Schreibe eine eigene Rechengeschichte zum Thema Bauernhof.
Dein Partnerkind löst sie.

8 Kopiervorlage zur Notation von Rechengeschichten in der Handreichung/BiBox für Lehrer/-innen. **Textverarbeitung:** Eigene Rechengeschichten schreiben, ggf. speichern, ausdrucken und lösen (Vorlage in der BiBox für Lehrer/-innen).

Geld – Wiederholung und Vertiefung

100 ct = 1 €

1 a) Überlegt: Welche Dinge könnt ihr im Spielzeuggeschäft für ungefähr 10 € kaufen?

Ich kaufe ein Buch!

b) Schreibt noch mehr Dinge auf, die ihr für ungefähr 10 € kaufen könnt.
c) Was könnt ihr für 50 ct, 1 € oder 5 € kaufen?

2 Wie viel Geld ist es?

a)    b)

c)    d)

3 Mit welchen Scheinen und Münzen kannst du die Geldbeträge legen?
Finde immer drei Möglichkeiten. Notiere im Heft.

a) 355 €   b) 142 €   c) 413 €   d) 275 €   e) 381 €

4 Wie viel Geld könnte im Portemonnaie sein?

a) 2 Geldscheine   b) 3 Geldscheine
c) 6 Geldscheine, davon sind 3 gleich

4 a)   5 € + 5 € = 1 0 €

10 € + 5 € =

1 **Recherche:** Spielzeuge im Wert von ungefähr 10 € ermitteln,
ggf. für ein Merkplakat oder eine digitale Pinnwand nutzen.
Kopiervorlage mit Rechengeld in der Handreichung/BiBox für Lehrer/-innen.
☞ Vorherige Bearbeitung Themenheft Addieren und Subtrahieren bis S. 24 empfohlen.

 AH S. 51

🗨 Geld – Kommaschreibweise

Drei Euro fünfundzwanzig Cent

325 ct = 3 € 25 ct = 3,25 €

Das Komma trennt Euro und Cent.

Drei Komma zwei fünf Euro

1 Wie viel Geld ist es? Schreibe den Betrag in eine Tabelle und daneben als Kommazahl.

a)

1)		1 0 €	1 €	1 0 ct	1 ct	
	a)		3	2	5	3, 2 5 €
	b)					

b)

c)

d)

2 a) Wie viel Geld hat jedes Kind?
Schreibe den Betrag in eine Tabelle und daneben als Kommazahl.

Ari

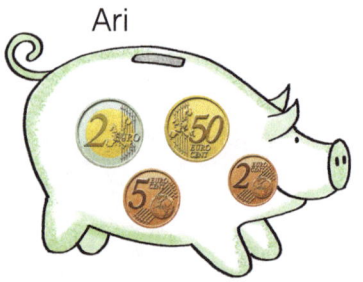

Berat

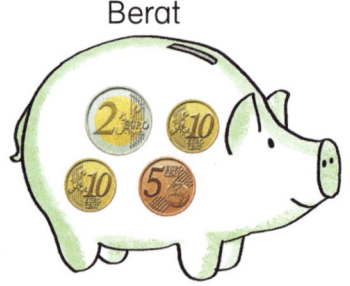

Clara

Dennis

Emily

Finn

b) Vervollständige die Sätze.

A: ▬ hat das meiste Geld.
B: Berat und Finn haben …
C: Ari hat ▬ ct mehr als Emily.

Fotografie: Eigene Geldbeträge legen, fotografieren und Fotos ausdrucken. Beträge in Kommaschreibweise separat notieren, ein Paarspiel für die Klasse erstellen. Kopiervorlage mit Rechengeld in der Handreichung/BiBox für Lehrer/-innen.

Geld – Kommaschreibweise

10 €	1 €	10 ct	1 ct	
		7	3	0,73 €
	2	0	4	2,04 €

> Zwei Komma null vier Euro.

1 Wie viel Geld ist es? Schreibe den Betrag in eine Tabelle und daneben als Kommazahl.

a)

b)

c)

d)

e)

f)

2 Schreibe die Beträge als Kommazahlen.

a) 205 ct   b) 21 ct   c) 279 ct   d) 709 ct
   58 ct   310 ct   3 ct   810 ct
   6 ct   545 ct   43 ct   60 ct

2 a)	2 0 5 ct = 2,0 5 €
	5 8 ct = 0,5 8 €

3 Wie viel Cent sind es? Wandle um.

a) 2,06 €   b) 0,07 €   c) 10,00 €   d) 0,70 €
   0,83 €   1,34 €   8,17 €   5,40 €
   0,01 €   1,05 €   5,60 €   0,62 €

3 a)	2,0 6 € = 2 0 6 ct
	0,8 3 € = 8 3 ct

4 Schreibe als Kommazahlen.

a) 4 € 1 ct   b) 8 € 20 ct   c) 10 € 53 ct   d) 5 € 10 ct
   6 € 24 ct   4 € 38 ct   6 € 2 ct   79 ct

4 a)	4,0 1 €
	6,2 4 €

5 a) Schreibe alle Beträge als Kommazahlen.
   b) Sortiere alle Beträge der Größe nach. Beginne mit dem kleinsten Betrag.

| 4 € 17 ct | | 0,13 € | | 350 Cent | | 3 € 2 ct |

| 8,20 € | | 7 Euro | | 6,08 € |

6 Wie viel Geld fehlt bis zum nächsten vollen Eurobetrag? Ergänze.

a) 3,56 € + ▩ = 4,00 €   b) 4,33 € + ▩ = ▩ €
   2,70 € + ▩ = 3,00 €   6,08 € + ▩ = ▩ €

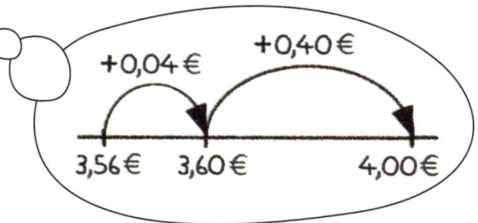

+0,04 €   +0,40 €

3,56 €   3,60 €   4,00 €

7 a) 6,50 € − ▩ = 6,00 €   b) 2,35 € − ▩ = ▩ €
   4,69 € − ▩ = 4,00 €   1,03 € − ▩ = ▩ €

AH S. 52

Geld – Rechnen mit Kommazahlen

1 Wie wurde die Aufgabe gelöst? Erklärt.

Nils kauft Murmeln und ein Auto.
Wie viel Geld muss er bezahlen?

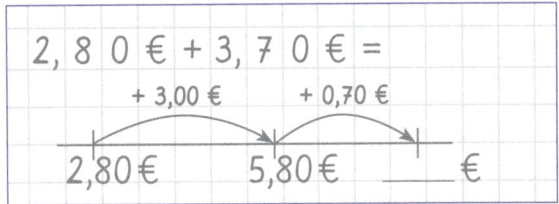

```
2,80 € + 3,70 € =
2 8 0 ct + 3 0 0 ct = 5 8 0 ct
5 8 0 ct +     7 0 ct =
```

```
2,80 € + 3,70 € =
2,8 0 € + 3,0 0 € = 5,8 0 €
5,8 0 € + 0,7 0 € =
```

2 a) Anna kauft ein Schlüsselband und Murmeln.   b) Leon kauft einen Ball und einen Würfel.
c) Sarah kauft eine Becherlupe und ein Auto.   d) Was würdest du kaufen?

3 a) 2,40 € + 0,20 €   b) 3,70 € + 0,40 €   c) 5,90 € + 3,20 €   d) 6,04 € + 2,05 €
   1,60 € + 6,30 €   2,30 € + 1,80 €   7,40 € + 1,80 €   5,05 € + 0,02 €

4 Wie wurde die Aufgabe gelöst? Erklärt.

Melda hat 10 €. Sie kauft einen Hund.
Wie viel Geld bekommt sie zurück?

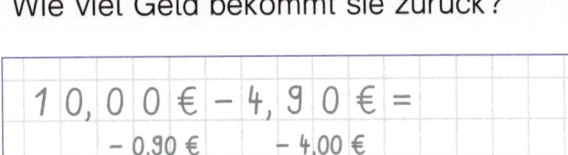

```
10,0 0 € – 4,9 0 € =
1 0 0 0 ct – 4 0 0 ct = 6 0 0 ct
6 0 0 ct –     9 0 ct =
```

```
10,0 0 € – 4,9 0 € =
10,0 0 € – 4,0 0 € = 6,0 0 €
6,0 0 € – 0,9 0 € =
```

5 Wie viel Geld bekommst du zurück?

a)    b)     c)     d)

6 a) 3,70 € – 0,50 €   b) 8,55 € – 3,40 €   c) 8,09 € – 1,07 €   d) 3,00 € – 0,30 €
   4,90 € – 2,80 €   5,85 € – 2,20 €   6,07 € – 4,03 €   7,00 € – 5,25 €

Vorherige Bearbeitung Themenheft Addieren und Subtrahieren bis S. 39 empfohlen.

Geld – Reicht das Geld?

PIZZERIA ROMA

Nr. 1 Pizza Margherita	6,20 €	
Nr. 2 Pizza Peperoni	7,10 €	
Nr. 3 Pizza Tonno	7,30 €	
Nr. 4 Pizza Salami	6,90 €	
Nr. 5 Pizza Funghi	7,80 €	
Nr. 6 Pizza Hawaii	7,40 €	
Nr. 7 Pizza Speciale	8,50 €	
Nr. 8 Lasagne	7,90 €	
Nr. 9 gemischter Salat	4,10 €	
Nr. 10 Bauernsalat	4,90 €	

Eine Lasagne kostet ungefähr 8 €. Eine Pizza Salami ungefähr 7 €.

Reichen 14 € für eine Lasagne und eine Pizza Salami?

1 a) Anni und Lennard haben zusammen 14 €.
   Sie möchten eine Lasagne und eine Pizza Salami bestellen.
   Reicht das Geld? Erklärt.
   b) Welche zwei Pizzen können sie für 14 € bestellen?

2 a) Können die drei Kinder drei
   Portionen Lasagne kaufen?
   b) Reicht ihr Geld, wenn sie
   25 € haben?

Wir haben 20 €.

Eine Lasagne kostet ungefähr 8 €.

3 Erik holt für seine Familie Pizza:
   zweimal Pizza Funghi, einmal Pizza Salami
   und einmal Pizza Speciale. Reichen 24 €?

Zwei Pizzen Funghi kosten ungefähr 16 €. Eine Pizza Salami kostet ungefähr …

4 Herr Burul holt am Abend für seine Familie eine Lasagne, zweimal Nr. 4
   und eine Pizza Hawaii. Reichen 30 €?

5 Kann das stimmen? Begründet.

   a) Frau Etie kauft
   zwei Bauernsalate.
   Sie soll 10,80 €
   bezahlen.

   b) Theo bezahlt seine Pizza
   Margherita mit einem
   10-Euro-Schein.
   Er bekommt 2,80 € zurück.

   c) Lia meint,
   dass sie für 20 €
   drei Pizzen Tonno
   bekommt.

6 Marie und Mehmet haben 15 €. Was können sie kaufen?
   Findet verschiedene Möglichkeiten.

Geld – Kommazahlen multiplizieren

| Partybrötchen 30 ct | Mohnbrötchen 50 ct | Rosinenbrötchen 70 ct | Roggenbrötchen 60 ct |
| Puddingteilchen 1,40 € | Berliner 1,10 ct | Nussecke 1,70 € | Brezel 90 ct |

1 Wie viel kostet es?

a) 5 Partybrötchen b) 5 Mohnbrötchen

c) 10 Brezeln d) 4 Roggenbrötchen

> 1 a) 5 · 30 ct = 150 ct
>
> 150 ct = 1,50 €

2 Wie viel kostet es zusammen?

a) 4 Mohnbrötchen und 5 Partybrötchen b) 5 Rosinenbrötchen und 6 Partybrötchen

c) 2 Brezeln und 2 Rosinenbrötchen d) 8 Partybrötchen und 9 Mohnbrötchen

3 Wie rechnet Flo die Aufgabe? Wie rechnet Flex? Erklärt.

Alexander kauft drei Puddingteilchen.
Wie viel Euro muss er bezahlen?

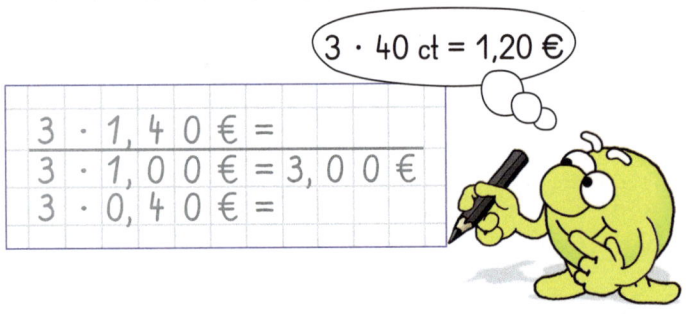

3 · 40 ct = 1,20 €

| 3 · 1,40 € = |
| 3 · 1,00 € = 3,00 € |
| 3 · 0,40 € = |

| 3 · 1,40 € = |
| 3 · 100 ct = 300 ct |
| 3 · 40 ct = |

4 a) 3 · 1,50 € b) 6 · 1,40 € c) 2 · 1,90 € d) 4 · 2,50 € e) 5 · 1,50 €
   8 · 1,10 €   7 · 1,20 €   7 · 1,30 €   8 · 1,20 €   3 · 1,90 €

5 Julia hat 6,90 € bezahlt. Welcher Einkaufszettel gehört ihr?

A
3 Partybrötchen
3 Rosinenbrötchen
4 Roggenbrötchen

B
5 Mohnbrötchen
1 Puddingteilchen
2 Brezeln

C
2 Berliner
3 Brezeln
4 Mohnbrötchen

6 a) 4 · 1,03 € b) 3 · 3,01 € c) 2 · 1,55 € d) 4 · 1,02 € e) 2 · 0,55 €
   3 · 2,25 €   2 · 4,25 €   3 · 3,15 €   2 · 3,22 €   4 · 0,25 €

Vorherige Bearbeitung Themenheft Multiplizieren und Dividieren bis S. 20 empfohlen.

Geld – Kommazahlen dividieren

1 Wie wurde die Aufgabe gelöst? Erklärt.

Enno kauft die beiden Zeichenblöcke.
Karla kauft ihm einen ab.

Ich rechne lieber in Cent.

```
2,24 € : 2 =
2,00 € : 2 = 1,00 €
0,24 € : 2 = 0,12 €
```

```
2,24 € : 2 =
200 ct : 2 = 100 ct
 24 ct : 2 =  12 ct
```

2 Wie viel kosten die Dinge einzeln?

a)   b)   c)   d)   e)

3 Wie viel kosten die Dinge einzeln?

a) Fünf Radiergummis kosten 5,50 €.

b) Vier Anspitzer kosten 8,24 €.

c) Sechs Filzstifte kosten 3,42 €.

d) Acht Bleistifte kosten 4,72 €.

4
a) 2,20 € : 4
   8,56 € : 8

b) 6,24 € : 6
   4,55 € : 5

c) 0,91 € : 7
   5,00 € : 4

d) 6,25 € : 5
   10,00 € : 8

5 Fünf Hefte kosten 3,45 €. Wie teuer sind zwei Hefte?
Erklärt, wie Flo rechnet.

```
    5    |    1    |    2       3,45 € : 5 = 0,69 €    2 · 0,69 € =
3,45 € 0,69 €                    3,00 € : 5 = 0,60 €
                                 0,45 € : 5 = 0,09 €
```

6 Rechne wie Flo.

a) Vier Lineale kosten 4,16 €. Wie teuer sind drei Lineale?

b) Drei Scheren kosten 6,30 €. Wie teuer sind zwei Scheren?

c) Sieben Wachsmalstifte kosten 3,50 €. Wie teuer sind zwei Wachsmalstifte?

AH S. 55   S4

Vorherige Bearbeitung Themenheft Multiplizieren und Dividieren bis S. 28 empfohlen.

Geld – Schriftlich addieren mit Kommazahlen

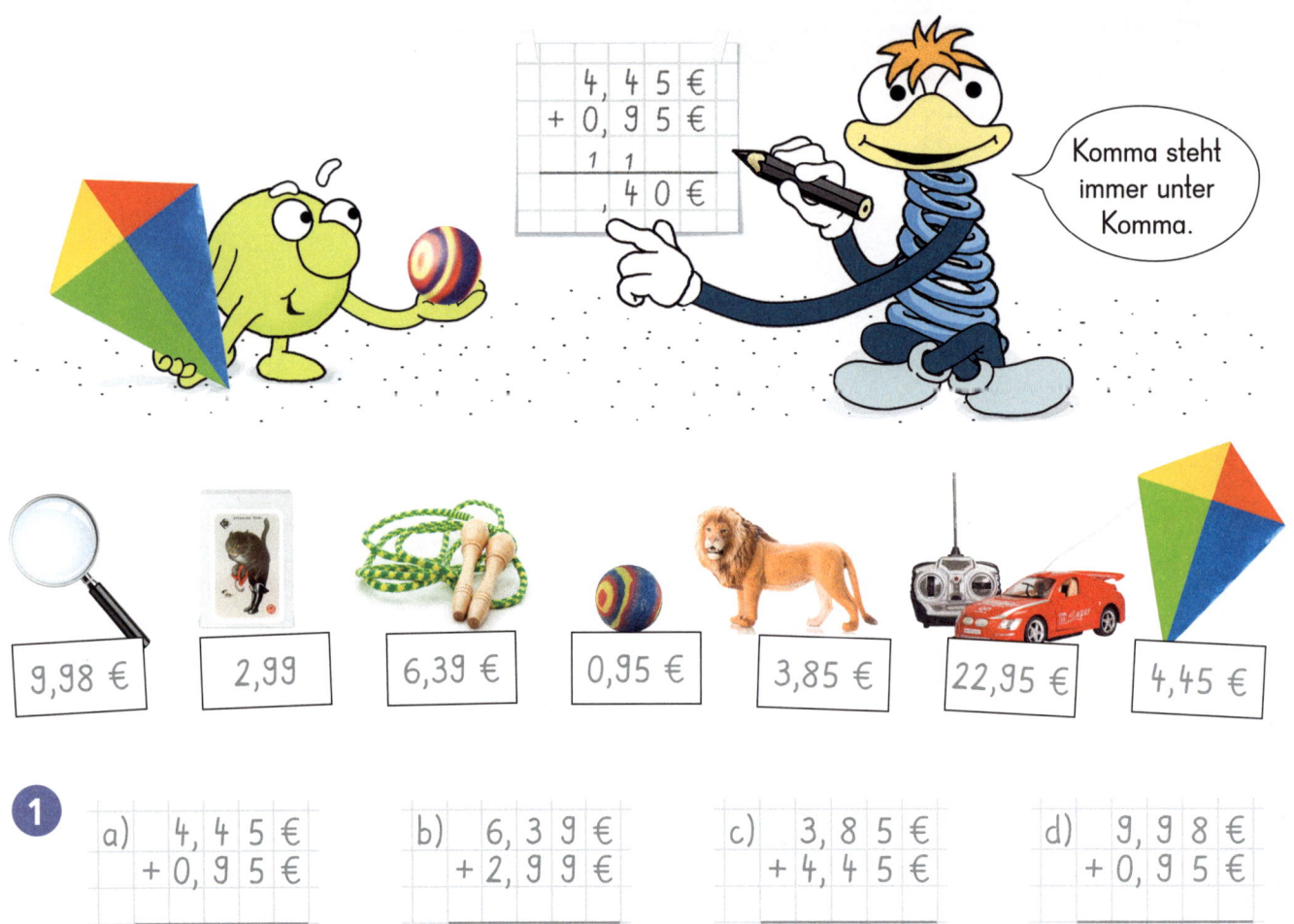

Komma steht immer unter Komma.

9,98 €   2,99   6,39 €   0,95 €   3,85 €   22,95 €   4,45 €

1

a) 4,45 €
  + 0,95 €
  _____

b) 6,39 €
  + 2,99 €
  _____

c) 3,85 €
  + 4,45 €
  _____

d) 9,98 €
  + 0,95 €
  _____

2 Wie viel Geld müssen die Kinder bezahlen?

a) Lea kauft eine Lupe und ein Kartenspiel.
b) Mesut kauft ein Kartenspiel und einen Flummi.
c) Evi kauft ein Springseil und einen Drachen.
d) Jule kauft ein Auto und einen Löwen.
e) Nino kauft ein Auto und eine Lupe.

2 a) 9,98 €
   + 2,99 €
   _____
    1
    ,9 7 €

3 Du hast 10 €. Welche drei Teile kaufst du?

4

a) 5,75 €
  + 3,23 €
  + 4,49 €
  _____

b) 9,95 €
  + 5,74 €
  + 5,55 €
  _____

c) 3,69 €
  + 8,50 €
  + 4,85 €
  _____

d) 9,77 €
  + 5,65 €
  + 0,15 €
  _____

5 Überschlage. Rechne nur die Aufgaben, deren Summe kleiner als 100 € ist.

a) 54,73 €
  + 57,49 €
  _____

b) 37,28 €
  + 49,89 €
  _____

c) 81,75 €
  + 9,67 €
  _____

d) 20,38 €
  + 88,51 €
  _____

AH S. 56

Vorherige Bearbeitung Themenheft Addieren und Subtrahieren bis S. 47 empfohlen.

Geld – Schriftlich subtrahieren mit Kommazahlen

1 Du hast 10 €. Wie viel Geld bleibt übrig, wenn du

a) einen Farbkasten kaufst?
b) ein Federmäppchen kaufst?
c) einen Füller kaufst?
d) eine Schere kaufst?

2

a)
```
   9,99 €
 - 3,69 €
```

b)
```
   8,95 €
 - 5,79 €
```

c)
```
   7,49 €
 - 6,99 €
```

d)
```
   9,50 €
 - 7,85 €
```

3 Wie viel Geld bekommen die Kinder zurück?

a) b) c) d)

3,60 €   0,48 €   11,25 €   9,75 €

4 a) 8,71 € − 5,82 €   b) 5,40 € − 3,60 €   c) 11,00 € − 8,35 €   d) 40,00 € − 24,40 €
    6,03 € − 3,45 €   6,78 € − 3,54 €   33,00 € − 7,04 €   35,00 € − 16,20 €

5 Überschlage.
Rechne nur die Aufgaben, deren Differenz größer als 5 € ist.

| a) 8,76 € − 2,19 € | b) 7,81 € − 1,97 € | c) 9,52 € − 5,84 € |

| d) 9,93 € − 6,08 € | e) 8,29 € − 4,72 € | f) 7,95 € − 2,18 € |

AH S. 57

Vorherige Bearbeitung Themenheft Addieren und Subtrahieren bis S. 56 empfohlen.

Geld – Rechnen in Sachsituationen

Familie Okada fährt im Sommer in den Urlaub.

Papa   Nahla (8 Jahre)   Mama   Taya (6 Jahre)

1 Die Ferienwohnung am Meer kostet am Tag 70 €.
Sie bleiben sieben Tage.

2 Sie mieten sich einen Strandkorb für sieben Tage.
Insgesamt muss Familie Okada dafür 35,70 € bezahlen.

3 Am Strand gibt es einen Kiosk. Die Eltern geben jeder Tochter 5 €.

    a) Nahla kauft sich ein Getränk für 1,60 €.
    b) Taya kauft sich einen Hotdog für 1,95 €.

4 Nahla hat 17,50 € gespart. Sie kauft eine Luftmatratze für 9,95 € und ein Eis für 1,75 €.
Wie viel Geld hat Nahla übrig?
Welche Rechnung passt zu der Aufgabe? Löse sie. Schreibe die Antwort in dein Heft.

A
```
    9,95 €        17,50 €
  - 1,75 €      -  8,20 €
  ─────────     ─────────
    8,20 €
```

B
```
    17,50 €
  +  9,95 €
  +  1,75 €
  ─────────
```

C
```
    9,95 €        17,50 €
  + 1,75 €      - 11,70 €
  ─────────     ─────────
   11,70 €
```

5 Taya und Nahla kaufen vier Förmchen für 3,36 €. Wie viel kosten zwei Förmchen?

6 Familie Okada besucht das Museumsschiff.
Wie viel Euro Eintritt muss sie bezahlen?

Museumsschiff - Eintritt	
Erwachsene	2,75 €
Kinder bis 6 Jahre	0,70 €
Kinder ab 7 Jahre	1,50 €

7 Setze passend ein: ct   40   €   0,80   Schein   7,20

Familie Okada spielt heute Minigolf. Die Eltern zahlen zusammen 7,00 ▪ dafür.
Für Nahla und Taya kostet das Spielen je nur 2 € und 50 ▪.
Für ▪ € kauft Papa Saft für alle. Er bezahlt mit einem 20 € ▪.
Die restlichen ▪ € dürfen sich Taya und Nahla teilen. Jede bekommt ▪ ct.

1 Wie spät ist es? Gib immer beide Uhrzeiten an.

a) 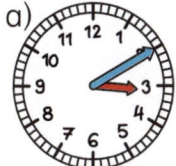 b) 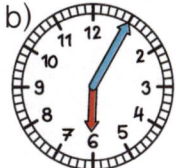 c) 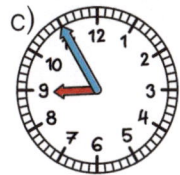 d)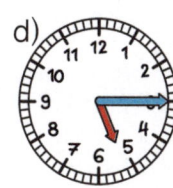

| 1 a) | 3. 1 0 Uhr |
| | 1 5. 1 0 Uhr |

2 a) 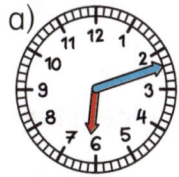 b) 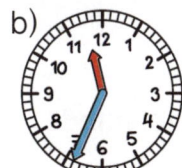 c) 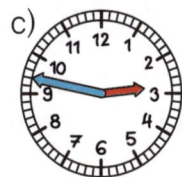 d)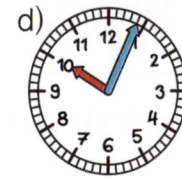

| 2 a) | 6. 1 2 Uhr |
| | 1 8. 1 2 Uhr |

3 Immer zwei Karten gehören zusammen. Ordne zu.

| 3) | Viertel vor vier – |

| Viertel vor vier | 18.25 Uhr | zehn vor zwei |

| 1.50 Uhr | fünf nach halb neun | 15.45 Uhr | 8.35 Uhr |

| 17.20 Uhr | fünf vor halb sieben | zwanzig nach fünf |

4 Kann das stimmen? Begründet.

a) Hassan trifft sich um 2 Uhr mit seinem Freund, um Fußball zu spielen.
b) Für Charlotte endet die Schule um 13.20 Uhr.
c) Simon sieht sich um 17 Uhr eine Sendung im Fernsehen an.
d) Um 4.20 Uhr gehen Mama und Said im Supermarkt einkaufen.
e) Tabea hat Silvester gefeiert und geht um 0.27 Uhr ins Bett.
f) Papa und Asaja holen am Samstag um 8.15 Uhr Brötchen.

Das sichere Erstellen und Ablesen von Uhrzeiten sollte beherrscht werden (Kopiervorlage Uhr in der Handreichnung/BiBox für Lehrer/-innen).
Vorherige Bearbeitung Themenheft Multiplizieren und Dividieren bis S. 17 empfohlen.

AH S. 58

21

Zeit – Minuten

1 Stunde hat 60 Minuten.

1 h = 60 min

Das h kommt von hora. Das ist lateinisch und heißt Stunde.

1 Wie viele Stunden und Minuten sind es?
Wandle um.

1 a)   8 0 min = 1 h 2 0 min

a) 80 min	b) 75 min	c) 100 min	d) 220 min	e) 275 min
70 min	96 min	130 min	340 min	364 min
90 min	84 min	170 min	510 min	147 min

2 Wie viele Minuten sind es?
Wandle um.

2 a)   1 h 1 0 min = 7 0 min

a) 1 h 10 min	b) 3 h 50 min	c) 1 h 27 min	d) 6 h 33 min	e) 2 h 1 min
1 h 40 min	4 h 30 min	5 h 42 min	4 h 15 min	1 h 7 min

Viertelstunde	halbe Stunde	Dreiviertelstunde	eine Stunde

$\frac{1}{4}$ h = 15 min	$\frac{1}{2}$ h = 30 min	$\frac{3}{4}$ h = 45 min	1 h = 60 min

3 Immer zwei Karten gehören zusammen. Ordnet zu.

$\frac{1}{4}$ h	1 h 45 min	15 min
1 h	$\frac{1}{2}$ h	30 min
$\frac{3}{4}$ h	1 h 15 min	$1\frac{1}{4}$ h
45 min	$1\frac{3}{4}$ h	60 min

Eine Stunde und eine Dreiviertelstunde

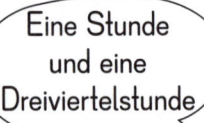

$1\frac{3}{4}$ h

4 Wie viele Minuten sind es? Wandle um.

4 a)   1 $\frac{1}{4}$ h = 7 5 min

a) $1\frac{1}{4}$ h	b) $\frac{3}{4}$ h	c) $1\frac{1}{2}$ h	d) $3\frac{1}{4}$ h
$\frac{1}{2}$ h	$\frac{1}{4}$ h	$1\frac{3}{4}$ h	$4\frac{1}{2}$ h

AH S. 58

Zeit – Sekunden

1 Minute hat 60 Sekunden.

1 min = 60 s

1 Messt mit einer Stoppuhr. Wie viele Sekunden brauchst du um:

a) einen Stift anzuspitzen?
b) das Rechenheft aus der Schultasche zu nehmen?
c) deinen Namen zu schreiben?
d) bis 60 zu zählen?
e) das Abc aufzusagen?

2 Ergänze zur vollen Minute.

a) 40 s	b) 25 s	c) 13 s	d) 52 s
10 s	35 s	46 s	29 s

2 a) 4 0 s + 2 0 s = 1 min

3 Wie viele Sekunden sind es? Wandle um.

a) 2 min	b) 7 min	c) 3 min	d) 16 min
5 min	4 min	10 min	15 min

3 a) 2 min = 1 2 0 s

4
a) 6 min 30 s	b) 2 min 14 s	c) 4 min 22 s
1 min 20 s	3 min 43 s	2 min 54 s

4 a) 6 min 3 0 s = 3 9 0 s

5 Wie viele Minuten und Sekunden sind es?
Wandle um.

a) 85 s	b) 260 s	c) 172 s	d) 275 s
190 s	305 s	364 s	487 s

5 a) 8 5 s = 1 min 2 5 s

1 ◻ **App-Anwendung:** Eigene Aufgaben stellen z. B. Zählen bis 30.
Das Partnerkind stoppt die Zeit.

 AH S. 58

23

Zeit – Zeitspannen

1 Ergänze zur vollen Stunde.

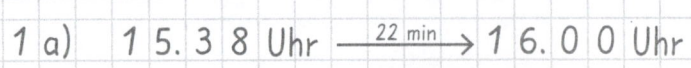

1 a)   1 5 . 3 8 Uhr ——22 min——→ 1 6 . 0 0 Uhr

a)    b) 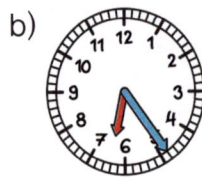   c) 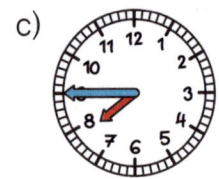   d)

2 Wie viel Zeit ist vergangen?

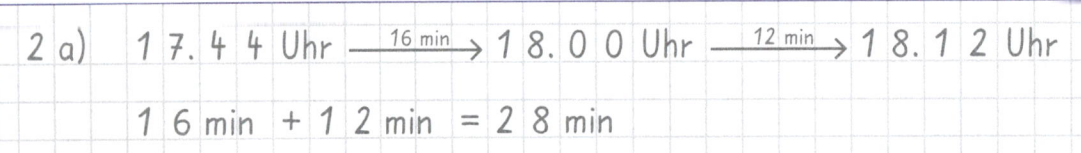

2 a)   1 7 . 4 4 Uhr ——16 min——→ 1 8 . 0 0 Uhr ——12 min——→ 1 8 . 1 2 Uhr

1 6 min + 1 2 min = 2 8 min

a)    b)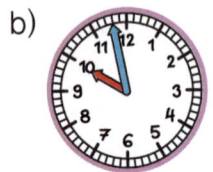

c) 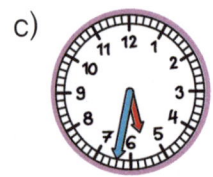   d)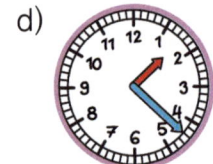

3 Wie spät ist es in …

3 a)   1 3 . 3 4 Uhr ——16 min——→ _____ Uhr

a) 16 min,   b) 2 h,
   25 min,   2 h 10 min,
   35 min,   2 h 20 min,
   58 min,   3 h 20 min?

4 Wie spät war es vor …

a) 7 min,
    18 min,
    34 min,

b) 44 min,
   38 min,
   59 min?

5 Wie viel Zeit ist vergangen?

a)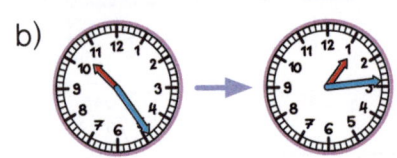

5 a)   ■ h ■ min

8.10 Uhr ——50 min——→ 9.00 Uhr ——2 h——→ 11.00 Uhr ——5 min——→ 11.05 Uhr

2 h 55 min

b) 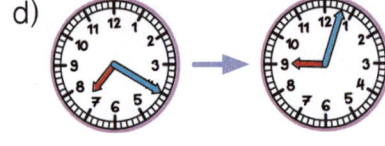   c)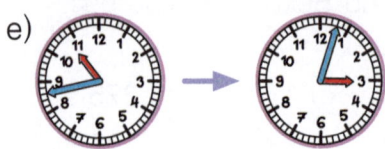

d)   e)

Zeit – Fahrplan

LINIE 13 SOFORT
LINIE 3 IN 4 MIN
LINIE 2 IN 12 MIN
LINIE 14 IN 15 MIN

1 Fabian wartet am Busbahnhof. Er möchte den nächsten Bus der Linie 2 nehmen. Um wie viel Uhr fährt der Bus ab?

2 Der Bus der Linie 3 fährt alle 10 Minuten.
Schreibe die nächsten fünf Abfahrtzeiten auf.

Linie 14

Haltestellen	Mo. – Fr.	Sa. – So.
Busbahnhof	7.05 alle 20 min bis 21.05	7.13 alle 30 min bis 21.13
Lange Straße	7.10	7.18
Schubertplatz	7.21	7.29
Wilhelmstraße	7.24	7.32
Erichweg	7.29	7.37
Kreuzstraße	7.41	7.49
Bachstraße	7.47	7.55

3 Tilda steigt am Schubertplatz in die Linie 14 ein und fährt drei Haltestellen mit. Wie viele Minuten fährt sie?

4 a) Wann fährt am Montag der erste Bus der Linie 14 am Busbahnhof ab?
b) Wann fährt der letzte Bus am Freitag am Busbahnhof ab?

5 a) Wie lange braucht der Bus vom Schubertplatz bis zur Bachstraße?
b) Berechne die Zeitdauer für drei andere Fahrstrecken.
c) Wann kommt der letzte Bus am Samstag in der Bachstraße an?

6 Wie oft fährt der Bus der Linie 14 am Samstag am Busbahnhof ab?

7 Schreibe eine eigene Rechengeschichte zum Fahrplan der Linie 14.
Dein Partnerkind löst sie.

7 Kopiervorlage zur Notation von Rechengeschichten in der Handreichung/BiBox für Lehrer/-innen. ■ **Textverarbeitung**: Eigene Rechengeschichten schreiben, ggf. speichern, ausdrucken und lösen (Vorlage in der BiBox für Lehrer/-innen).

25

Arda, Lina, Erik und Finja nehmen an einer Ferienbetreuung teil.

Ferienspaß Angebote

Jeden Vormittag von Montag bis Freitag

Experimente	9.30 Uhr – 10.10 Uhr
Malen	10.30 Uhr – 11.45 Uhr
Zirkus	9.15 Uhr – 10.00 Uhr
Band	10.15 Uhr – 11.25 Uhr

Zusatzangebote am Nachmittag

jeden Montag
Bienenhäuser
bauen
14.30 Uhr – 15.15 Uhr

jeden Dienstag
Videodreh
14.00 Uhr – 15.15 Uhr

jeden Mittwoch
Stofftiere
nähen
14.45 Uhr – 16.00 Uhr

jeden Donnerstag
Disco
15.10 Uhr – 16.30 Uhr

1 Wie lange dauern die Angebote?

a) Zirkus   b) Experimente   c) Band

2 Erik möchte rechtzeitig zur Bandprobe kommen.
Für den Weg zur Ferienbetreuung braucht er 20 Minuten.
Wann muss Erik spätestens losgehen, um den Beginn der Probe nicht zu verpassen?

3 a) Arda nimmt jeden Tag an dem Angebot „Experimente" teil.
   Wie lange experimentiert er in einer Woche?

3 a)	Montag	9.30 Uhr ──40 min──▶ 10.10 Uhr
	Dienstag	_____ min

Zusammen
sind das …

b) Finja geht jeden Tag zu den Angeboten „Zirkus" und „Malen".
c) Am Dienstag erzählt Lina ihrer Mutter, dass sie heute 145 Minuten
   bei den Angeboten verbracht hat.
   An welchen Angeboten hat Lina teilgenommen?
d) Suche dir einen Tag aus. An welchen Angeboten würdest du teilnehmen?
   Wie lange würden sie dauern?

Zeit – Kalender

1 Setze passend ein: | 30 | 366 | 365 | 4 | 7 | 31 | 52 | 1 |

Eine Woche besteht aus ▅ Tagen und ein Jahr aus ▅ Wochen.
Ein Jahr besteht aus ▅ Tagen. In einem Schaltjahr hat der Februar ▅ Tag mehr,
also hat ein Schaltjahr ▅ Tage. Es gibt alle ▅ Jahre Schaltjahre.
Bis auf den Februar haben alle Monate ▅ oder ▅ Tage.

2 a) Sieh in einem Kalender nach: Wann beginnen und wann enden deine Schulferien
in diesem Schuljahr im Sommer, Herbst, Winter und zu Ostern?
Schreibe in dein Heft.
b) Wie viele Wochen hast du in diesem Schuljahr Ferien?
c) Wie viele Wochen gehst du zur Schule?

3 In den Sommerferien fährt Opa vom 24.6. bis zum 8.7. in den Urlaub.
Pjotr und Luba sollen alle zwei Tage die Blumen gießen. Sie beginnen am 25.6.
An wie vielen Tagen gießen sie die Blumen?

4 Kann das stimmen?

a) Meine Mutter
ist ungefähr
ein halbes Jahr älter
als mein Vater.
Sie ist also 183 Tage
älter als er.

b) Felix ist sieben Jahre
und vier Wochen alt.
Er ist also
215 Wochen alt.

c) Meine Schwester ist
vor vier Wochen und
drei Tagen geboren.
Sie ist also
seit 125 Tagen
auf der Welt.

d) Baby Ben ist
174 Tage alt.
In 195 Tagen
feiert er seinen
1. Geburtstag.

e) Clara hat am 29.2.
Geburtstag.
Nur in jedem 4. Jahr
kann sie
an diesem Tag feiern.

f) Nina ist sechs Jahre
und fünf Tage alt,
Lukas sieben Jahre
und fünf Tage.
Lukas ist also ein
Jahr jünger als Nina.

5
FERMI-AUFGABE

Wie viele Tage bist du bisher
zur Schule gegangen?

Osterferien,
Sommerferien, …

Im Jahr also …

1 App-Anwendung: Im Kalender prüfen, ob dieses Jahr ein Schaltjahr ist.
2 Recherche: Recherchieren, wann im aktuellen Schuljahr Schulferien sind.
5 Fermi-Aufgaben sind offene Fragestellungen, bei denen es um die Herangehensweise an das
Problem, das Treffen von Annahmen und das Finden einer Näherungslösung geht.

27

💬 Längen – Wiederholung und Vertiefung

1 Meter hat 100 Zentimeter.

1 m = 100 cm

Das Tafellineal ist 1 m lang.

1 a) Ordnet zu:

ungefähr 1 cm, ungefähr 10 cm, ungefähr 1 m, ungefähr 10 m.

1 a)   ungefähr 1 cm:

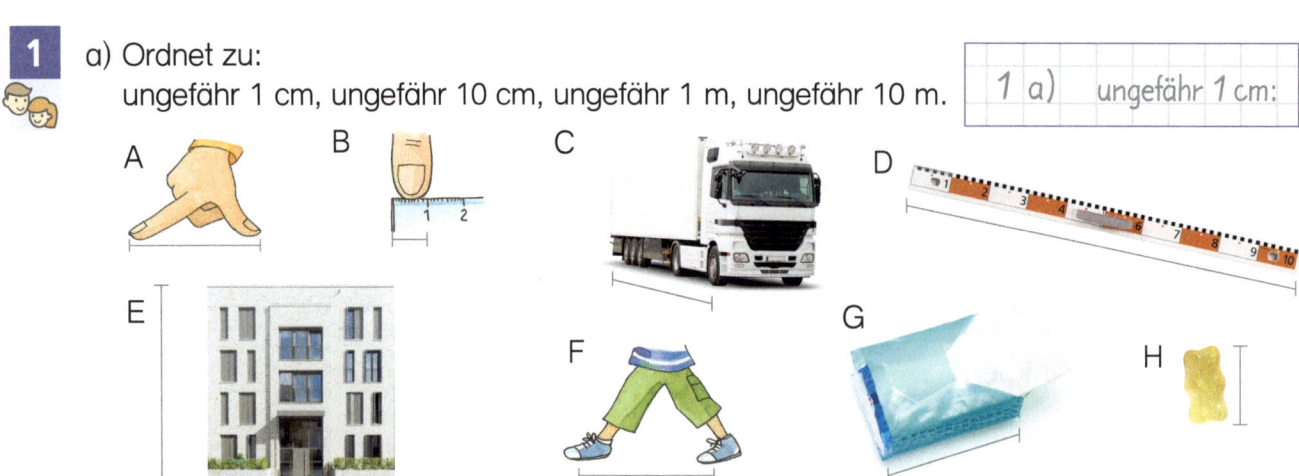

A B C D

E F G H

b) Schreibt weitere Dinge auf, die ungefähr so lang sind.

2 Wie lang sind eure Schulsachen ungefähr?
Schätzt erst und messt anschließend.

Bleistift   Radiergummi

Klebestift

Federmäppchen   Flex-und-Flo-Heft

Schere   ...

Anspitzer

2)	geschätzt	gemessen
Bleistift	_____ cm	_____ cm

3 Kann das stimmen? Begründet.

a) Hund und Maus gehen jeder einen Meter vorwärts.
   Die Maus hat einen weiteren Weg zurückgelegt.

b) Mia geht 100 cm, Luis 10 m vorwärts. Luis ist weiter gegangen.

c) Zwei Züge sind 1000 m voneinander entfernt und fahren gleich schnell aufeinander zu.
   Jeder Zug muss 500 m zurücklegen bis sie aneinander vorbeifahren.

4 Wie viel Dezimeter sind es? Wandle um.

a)	b)	c)
70 cm	20 cm	130 cm
10 cm	90 cm	210 cm
40 cm	30 cm	490 cm

1 Dezimeter hat 10 Zentimeter.

1 dm = 10 cm

1 📷 **Fotografie**: Weitere Repräsentanten fotografieren, präsentieren, ggf. ausdrucken und ein Merkplakat erstellen oder für eine digitale Pinnwand nutzen: Was ist ungefähr 1 cm, 10 cm, 1 m, 10 m lang?
2 Weitere Gegenstände schätzen und messen (Kopiervorlage mit Tabellen zur Notation s. Handr./BiBox).
👉 Vorherige Bearbeitung Themenheft Addieren und Subtrahieren bis S. 39 empfohlen.

Längen – Kommaschreibweise

125 cm = 1 m 25 cm = 1,25 cm

Das Komma trennt Meter und Zentimeter.

Ein Meter fünfundzwanzig Zentimeter

Eins Komma zwei fünf Meter

1 a) Wie groß sind die Kinder?

1 a)		1 m	10 cm	1 cm	
	Anja	1	2	4	1,2 4 m

124 cm	1 m 51 cm	1,35 m	146 cm	1,29 m	1 m 32 cm
Anja	Marc	Carlo	Suna	Silas	Lena

b) Vergleiche die Körpergrößen. Schreibe fünf Sätze auf.

1 b)	Marc ist 5 cm größer als Suna.

c) Zeichne ein Balkendiagramm. Zwei Kästchen entsprechen 10 cm.

Marc

Anja

0 10 20 30 40 50 60 70 80 90 100 110 120 130 140 150 cm

2 Wandle um.

a) 402 cm = ▦ m
54 cm = ▦ m
9 cm = ▦ m
475 cm = ▦ m
780 cm = ▦ m

b) ▦ cm = 2,40 m
▦ cm = 0,80 m
▦ cm = 5,04 m
▦ cm = 0,06 m
▦ cm = 4,18 m

2 a)	4 0 2 c m = 4,0 2 m
	5 4 c m = 0,5 4 m
	9 c m = 0,0 9 m

3 Übertrage die Tabelle in dein Heft und fülle sie aus.

3)	1 2 4 c m		4 0 0 c m	8 5 c m	
	1 m 2 4 c m	2 m 8 0 c m			5 m 4 c m
	1,2 4 m				

AH S. 61

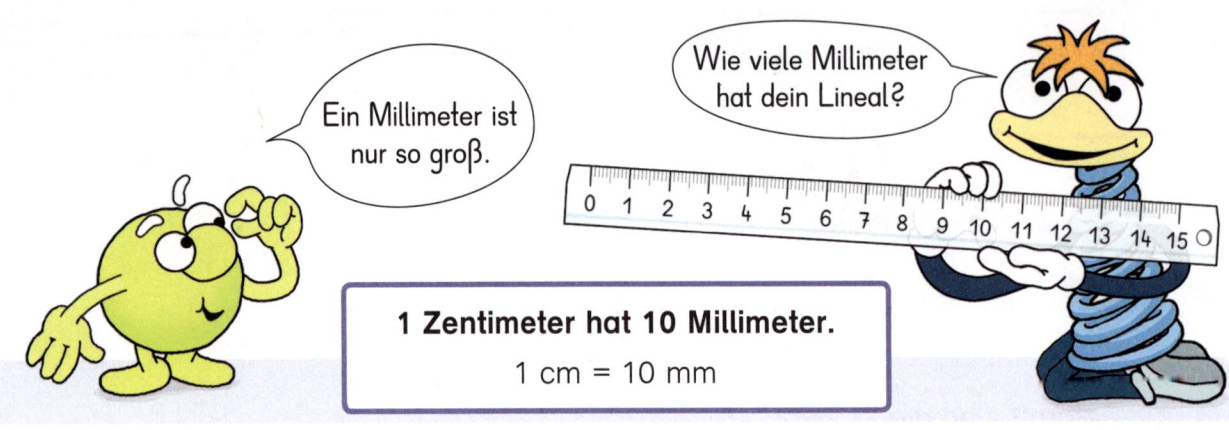

1 Zentimeter hat 10 Millimeter.

1 cm = 10 mm

1 Wie lang sind die Strecken?

| 1) | a: 4 c m 2 m m |

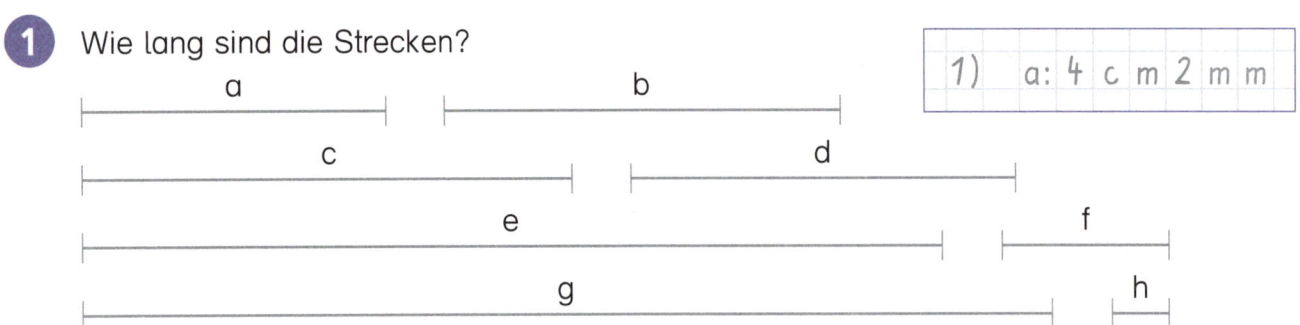

2 Miss und schreibe ins Heft.

a)  b) c) d) e)

3 Zeichne die angegebenen Strecken.

a) 10 mm, 4 mm, 8 mm, 25 mm, 33 mm
b) 2 cm 6 mm, 3 cm 8 mm, 6 cm 9 mm, 10 cm 4 mm

| 3 a) | ⊢——⊣ |

4 Wie viele Zentimeter und Millimeter sind es?
Wandle um.

a) 27 mm, 13 mm, 54 mm, 43 mm
b) 603 mm, 112 mm, 221 mm, 304 mm

| 4 a) | 2 7 m m = 2 c m 7 m m |
| | 1 3 m m = |

5 a) Wie groß sind die Dinge in Wirklichkeit? Setzt passend ein: mm, cm oder m.

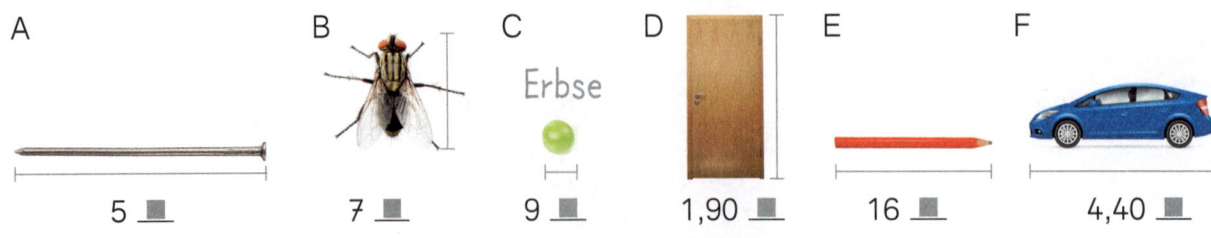

A   B   C   Erbse   D   E   F

5 ▪   7 ▪   9 ▪   1,90 ▪   16 ▪   4,40 ▪

b) Schreibt je drei Dinge auf, die in Millimeter, Zentimeter oder Meter gemessen werden.

AH S. 62

Längen – Kilometer

Kilo kommt aus dem Griechischen und bedeutet 1000!

Ein Kilometer hat 1000 Meter.
1 km = 1000 m
Ein halber Kilometer hat 500 Meter.
$\frac{1}{2}$ km = 500 m
Ein viertel Kilometer hat 250 Meter.
$\frac{1}{4}$ km = 250 m
Ein dreiviertel Kilometer hat 750 Meter.
$\frac{3}{4}$ km = 750 m

Wie weit ist es noch?

1 Ergänze zu einem Kilometer.

a) 850 m
   250 m
    50 m

b) 460 m
   455 m
   545 m

c) 234 m
   607 m
   818 m

1 a)   850 m + 150 m = 1000 m

2 Ergänze zu einem halben Kilometer.

a) 450 m
   250 m
   350 m

b) 170 m
   365 m
   415 m

c) 67 m
  362 m
  249 m

2 a)   450 m + 50 m = 500 m

3 Kleiner, größer oder gleich? Setze ein: <, > oder =

a) 500 m ⬛ $\frac{1}{2}$ km

   550 m ⬛ $\frac{1}{2}$ km

    50 m ⬛ $\frac{1}{2}$ km

b) 250 m ⬛ $\frac{1}{4}$ km

    25 m ⬛ $\frac{1}{4}$ km

  240 m ⬛ $\frac{1}{4}$ km

c) 1 km ⬛ 1000 m

  $\frac{3}{4}$ km ⬛ 500 m

  $\frac{1}{2}$ km ⬛ $\frac{3}{4}$ km

4 Gib immer die Hälfte an.
Schreibe in einer Tabelle auf.

a) 400 m, 1000 m, 66 m, 260 m
b) 900 m, 110 m, 468 m, 550 m

4 a)	Länge	400 m
	die Hälfte	200 m

5 Gib immer das Doppelte an.
Schreibe in einer Tabelle auf.

a) 150 m, 330 m, 99 m, 75 m
b) 77 m, 302 m, 405 m, 173 m

5 a)	Länge	150 m
	das Doppelte	300 m

Längen – Rechnen mit Längen

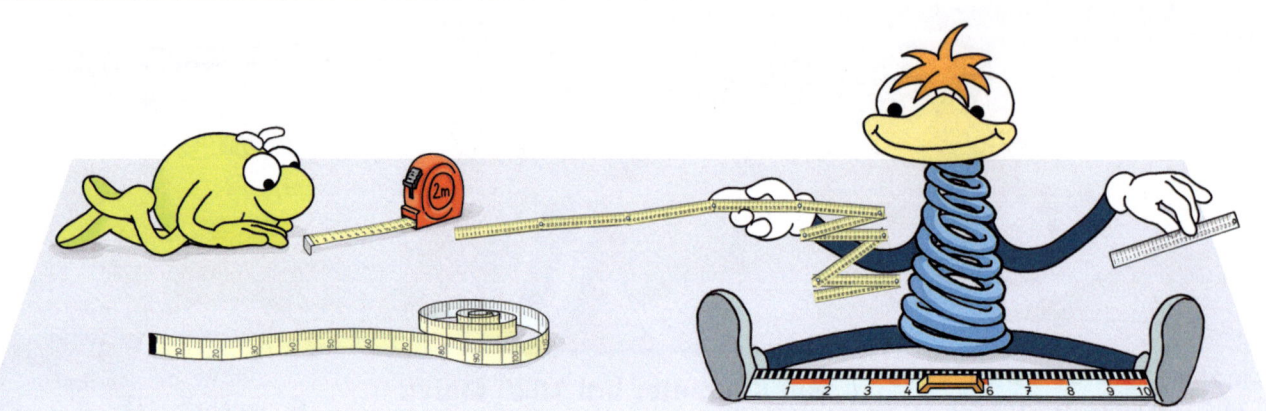

1 Wandle um.

a) 200 cm = ▪ m   b) 450 cm = ▪ m ▪ cm   c) 134 cm = ▪ m
     600 cm = ▪ m   325 cm = ▪ m ▪ cm   681 cm = ▪ m
     700 cm = ▪ m   573 cm = ▪ m ▪ cm   249 cm = ▪ m

2 Wandle um.

a) 40 mm = ▪ cm   b) 63 mm = ▪ cm ▪ mm   c) 81 mm = ▪ cm ▪ mm
     30 mm = ▪ cm   48 mm = ▪ cm ▪ mm   35 mm = ▪ cm ▪ mm
     90 mm = ▪ cm   79 mm = ▪ cm ▪ mm   54 mm = ▪ cm ▪ mm

3 Immer zwei Karten gehören zusammen. Ordne zu.

$\frac{1}{2}$ m	500 m	$\frac{1}{4}$ km	250 m	25 cm

	$\frac{1}{4}$ m	1 km	150 cm	$\frac{1}{2}$ km	

$1\frac{1}{2}$ m	50 cm	$\frac{3}{4}$ km	1000 m	750 m

4 Ordne. Beginne mit der kleinsten Länge.

a)   60 cm   65 mm   7 m   2 km   5 cm 6 mm   9 mm

b)   3 mm   3 cm 3 mm   30 cm   3 m   3 m 33 cm   30 mm

c) $\frac{1}{2}$ m $\frac{3}{4}$ km   1 m $\frac{1}{2}$ km $\frac{1}{4}$ m   1 km

5 Rechne.

a) 212 m + 88 m   b) 672 m – 14 m   c)   29 cm + 38 cm   d) 94 mm – 14 mm
     327 m – 19 m   853 m – 52 m   56 cm + 44 cm   63 mm +   9 mm
     439 m + 21 m   591 m +   9 m   100 cm – 36 cm   71 mm – 54 mm

6 a) Adnan ist beim Weitsprung 2,75 m gesprungen. Paul springt 41 cm weiter.
     b) Beim Weitwurf schafft Luisa 21,50 m. Der Ball von Tessa fliegt 18 m weit.

Längen – Weg und Zeit

1 Für einen Kilometer braucht ein Kind zu Fuß ungefähr 20 Minuten.
Wie lange braucht ein Kind ungefähr für

a) 2 km,   b) 500 m,   c) 250 m,   d) 1 km 500 m?

2 Wie weit wohnen die Kinder ungefähr von der Schule entfernt?

a) Mehdi geht 15 Minuten.
b) Lea braucht ungefähr 25 Minuten.
c) Paul hat einen Schulweg von 5 Minuten.
d) Yuna benötigt 8 Minuten.

3

FERMI-AUFGABE

Zoé geht bis zur Schule zehn Minuten.
Wie viele Schritte geht sie ungefähr
in einer Woche?

Ein Schritt,
ungefähr ...

4 Ein Fußgänger geht in einer Stunde ungefähr vier Kilometer.

a) Wie viel Kilometer geht er in zwei Stunden und dreißig Minuten?
b) Wie lange ist er unterwegs, wenn er zwei Kilometer geht?
c) Wie lange ist er unterwegs, wenn er fünf Kilometer gehen muss?

5 Teile einen Kilometer

a) in zwei gleich lange Strecken,
b) in vier gleich lange Strecken,
c) in acht gleich lange Strecken,
d) in fünf gleich lange Strecken,
e) in drei ungefähr gleich lange Strecken.

Eine Skizze
kann dir helfen.

5 a)   500 m   500 m

3 Fermi-Aufgaben sind offene Fragestellungen, bei denen es um die Herangehensweise an das Problem, das Treffen von Annahmen und das Finden einer Näherungslösung geht.
☞ Vorherige Bearbeitung Themenheft Multiplizieren und Dividieren bis S. 17 empfohlen.

Längen – Rechnen in Sachsituationen

Familie Rossi wird umziehen und muss die neue Wohnung vorher renovieren.

1 Fabio und Luca möchten ihre Betten im Kinderzimmer hintereinander stellen.
Ein Bett ist 1,90 m lang. An welche Seite des Zimmers passen beide Betten?

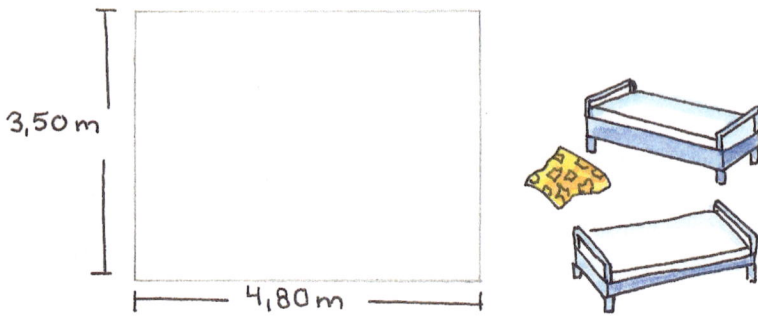

3,50 m

4,80 m

2 Frau Rossi kauft neue Fußleisten für das Wohnzimmer. Eine Fußleiste ist 2 m lang.
Zwei Seiten des Raumes sind 5 m lang, die anderen zwei Seiten 3,50 m.
An einer langen Seite ist die Türöffnung von einem Meter.
Frau Rossi schneidet die Fußleisten zu und verwendet alle Teile.
Wie viele Fußleisten muss sie kaufen?

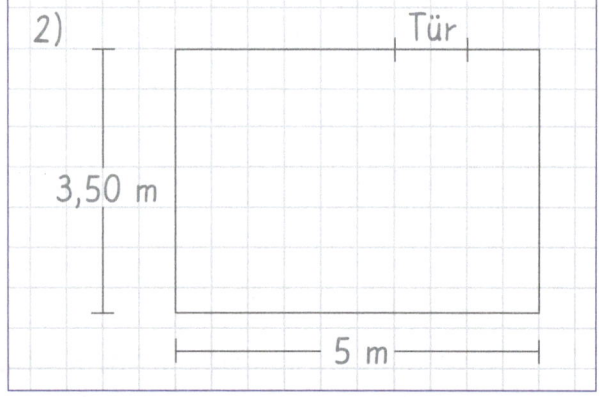

2)

Tür

3,50 m

5 m

3 Im Badezimmer werden Fliesen verlegt. Es soll eine Bordüre an einer Zimmerseite geben. Die Wand ist 3 m lang. Luca und Frau Rossi überlegen, wie viele Fliesen sie für die Bordüre einplanen müssen, wenn eine Fliese 15 cm lang ist.

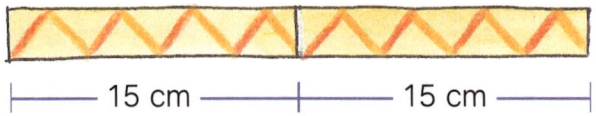

15 cm   15 cm

4 Von der alten bis zur neuen Wohnung sind es genau 20 km. Sie fahren
in einer Woche insgesamt 240 km hin und her. Wie oft ist die Familie gefahren?

5 Herr Rossi spitzt den dicken Zimmermannsbleistift mit seinem Taschenmesser an.
Vorher war der Stift 23 cm 4 mm lang. Danach ist er 8 mm kürzer.

Längen – Größenvorstellung

 **1** Was passt zusammen? Ordnet zu.

| 1) | Stift: | 1 2 cm |

| Länge eines Stiftes | Länge eines Wanderweges | Länge einer Büroklammer | Länge eines Lineals |

| Länge eines Fußballfeldes | Länge eines Hauses | Größe eines Kindes | Länge eines Radiergummis |

| 140 cm | 12 m | 100 m | 12 cm | 12 km | 4 cm | 25 mm | 30 cm |

2 Setze passend ein: | 1,50 | m | 12 | 5 | 1,38 |

Ella und Thore fahren mit ihren Vätern ▇ km zur Kirmes.
Die Kinder möchten gern Autoscooter fahren.
Thore ist größer als ▇ m und darf deshalb alleine fahren.
Ella ist ▇ cm zu klein und nur ▇ m groß.
Doch dann freut sich Ella.
Am Karussel steht: Nur bis 1,40 ▇.
Jetzt muss Thore warten.

3 Ana und ihre Eltern wandern im Urlaub nach Oberstdorf.
Nach 5 km machen sie eine Pause an einer Berghütte. 20 min später gehen sie weiter.
Schon nach 200 m sieht Ana ein Schild:

Oberstdorf 3 km

a) Wie weit gehen sie von der Berghütte nach Oberstdorf?

b) Wie lang ist die gesamte Wanderung?

c) Verändere die Informationen im Aufgabentext so,
dass die gesamte Wanderung 9 km lang ist.
Schreibe den neuen Aufgabentext auf.

Eine Skizze kann dir helfen.

 **4**

FERMI-AUFGABE

Familie Ortner steht auf der Autobahn im Stau.
Dieser ist 1 km lang.
Wie viele Fahrzeuge stehen ungefähr
mit ihnen im Stau?

4 Fermi-Aufgaben sind offene Fragestellungen, bei denen es um die Herangehensweise an das
Problem, das Treffen von Annahmen und das Finden einer Näherungslösung geht.

35

Gewicht – Gewichte vergleichen

1 a) Vergleicht das Gewicht eurer Schulsachen. Prüft wie Flo mit den Händen.
b) Schreibt die Gegenstände nach Gewicht geordnet ins Heft.
   Beginnt mit dem leichtesten.

2 Baut euch eine Kleiderbügel-Waage. Dafür braucht ihr einen Bügel
und zwei gleich große Tüten. Hängt diese an die Enden des Bügels.
Überprüft, ob ihr die Gegenstände von oben richtig geordnet habt.

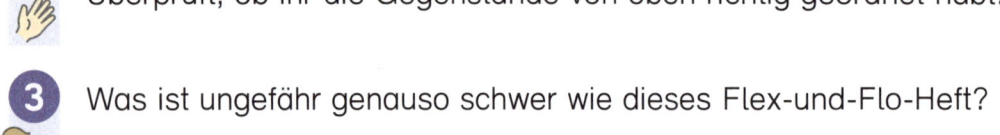

3 Was ist ungefähr genauso schwer wie dieses Flex-und-Flo-Heft?

4 Stimmt das? Überprüft mit der Kleiderbügel-Waage:

a) Dein Bleistift ist schwerer als dein Radiergummi.
b) Dein Lesebuch ist schwerer als dein Federmäppchen.
c) Dein Klebestift ist leichter als dein Lineal.
d) Dein Farbkasten ist leichter als deine Wachsmalstifte.

5 Was ist leichter, was ist schwerer? Vergleicht die Gegenstände nach ihrem Gewicht.

a) Apfel, Flasche, Heft

b) Fahrrad, Büroklammer, Fußball

6 a) Ordnet nach dem Gewicht. Beginnt mit dem leichtesten Gegenstand.

   Darias Federmäppchen ist leichter als das Federmäppchen von Vito.
   Finns Federmäppchen ist schwerer als das Federmäppchen von Daria.
   Vitos Federmäppchen ist leichter als das Federmäppchen von Finn.

b) Schreibe ein eigenes Rätsel auf. Dein Partnerkind löst es.

Vorherige Bearbeitung Themenheft Addieren und Subtrahieren bis S. 39 und
Themenheft Multiplizieren und Dividieren bis S. 17 empfohlen.

Gewicht – Kilogramm und Gramm

Ein Kilogramm hat 1000 Gramm.
1 kg = 1000 g

Ein halbes Kilogramm hat 500 Gramm.
$\frac{1}{2}$ kg = 500 g

Ein viertel Kilogramm hat 250 Gramm.
$\frac{1}{4}$ kg = 250 g

1 Flex und Flo haben eine Ausstellung zum Thema Gewicht vorbereitet.

a) Welche Gegenstände kennt ihr, die 1 g, 100 g, $\frac{1}{2}$ kg oder 1 kg wiegen?
b) Bringt eigene Verpackungen mit, auf denen ihr Gewichtsangaben findet.

2 Welche Gewichtsangabe passt zu welchem Gegenstand?

| 1 g | 8 g | 100 g | 250 g | 500 g | 1000 g |

| 2) | Zucker: | 1 0 0 0 g |
| | Salz: | |

3  Warum gibt es unterschiedliche Waagen?
Kennt ihr noch andere Waagen?

Personenwaage   Briefwaage   Küchenwaage

4 Schätzt das Gewicht der Gegenstände:
Bleistift, Apfel, Buch, Uhr, Füller,
Hausaufgabenheft, Farbkasten.
Dann überprüft mit einer passenden Waage.

| 4) | Gegenstand | geschätzt | gewogen |
| | Bleistift | | |

5 **Rundum gesund !**

Deine Schultasche darf
nicht schwerer sein
als der zehnte Teil
deines Körpergewichts.

Körpergewicht	Schultasche
20 kg	2 kg
25 kg	2 kg 500 g
30 kg	3 kg
35 kg	3 kg 500 g
...	...

Ist deine Schultasche zu schwer?

---

1 **Fotografie:** Gefundene Repräsentanten fotografieren, präsentieren, ggf. ausdrucken und ein
Merkplakat erstellen oder für eine digitale Pinnwand nutzen: Was ist 1 g, 100 g, $\frac{1}{2}$ kg, 1 kg schwer?
4 Kopiervorlage mit Tabelle zur Notation in der Handreichung/BiBox für Lehrer/-innen.
4,5 Für diese Aufgaben wird eine Waage benötigt.

AH S. 63

Gewicht – Rechnen mit Gewichten

Was ist eine Prise?

Rezept für 10 Quarkbrötchen

250 g Magerquark

2 Eier

2 EL Zucker

1 Tüte Vanillezucker

1 Prise Salz

250 g Mehl

1 Tüte Backpulver

ca. 15 Minuten
bei 180 Grad backen

1 a) Schreibe die Zutatenliste für 20 Quarkbrötchen auf.
   b) Sine backt für ihre Klasse Quarkbrötchen. In der Klasse sind 30 Kinder.

2 a) Ergänze zu einem Kilogramm:

   250 g 460 g 550 g 620 g 780 g

   > 2 a) 250 g + 750 g = 1000 g

   b) Ergänze zu einem halben Kilogramm: 250 g 310 g 70 g 55 g 405 g
   c) Ergänze zu einem viertel Kilogramm: 120 g 12 g 25 g 102 g 199 g

3 Immer zwei Kärtchen gehören zusammen. Ordne zu.

1 kg	1250 g	$\frac{1}{4}$ kg	1000 g	500 g
250 g	$\frac{1}{2}$ kg	$1\frac{1}{2}$ kg	$1\frac{1}{4}$ kg	1500 g

4 Übertrage die Tabelle in dein Heft.
Wie viel Gramm bleiben übrig?

4)	Volle Packung	Zucker	Mehl	Salz	Honig	Marmelade
		1000 g	1000 g	500 g	500 g	450 g
	verbraucht	770 g	350 g	440 g	140 g	30 g
	Rest	230 g				

5 a) 220 g + 500 g + 75 g   b) 35 kg + 12 kg + 23 kg   c) 450 kg − 130 kg
   430 g + 430 g + 130 g   22 kg + 67 kg + 11 kg   235 kg − 45 kg

6 a) Ergänze zu 100 kg: 11 kg   25 kg   77 kg   83 kg   91 kg   68 kg
   b) Ergänze zu 10 kg: 2 kg 500 g   4 kg 400 g   5 kg 900 g   7 kg 200 g

Gewicht – Gewichte bestimmen

Vier Äpfel wiegen 800 g. Dann wiegt ein Apfel …

1 Wie viel wiegt eine Banane, eine Birne, ein Apfel oder eine Apfelsine?

a) 500 g · 200 g · 50 g

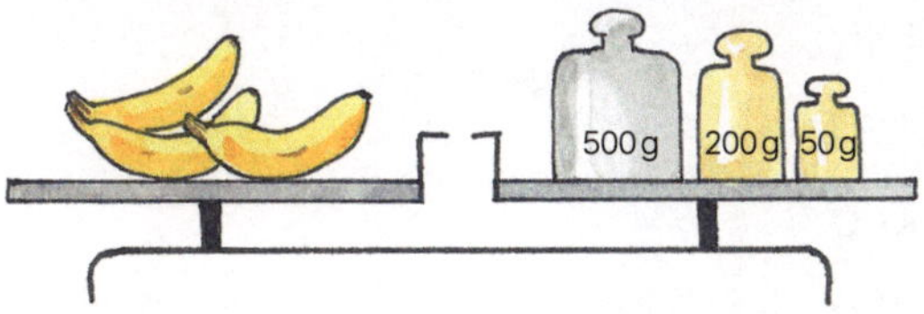

b) 200 g · 100 g · 20 g · 10 g

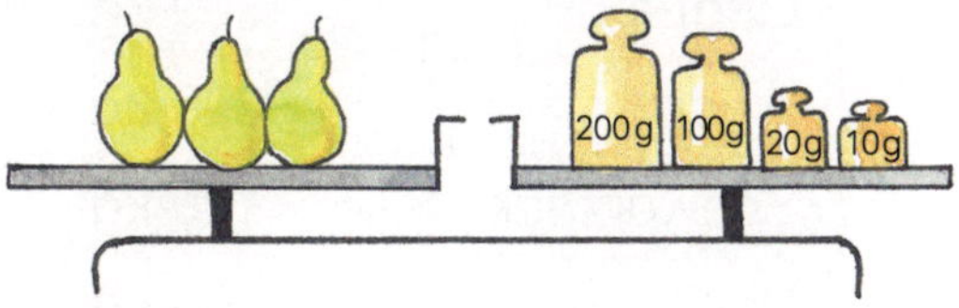

c) 20 g · 20 g · 200 g · 200 g

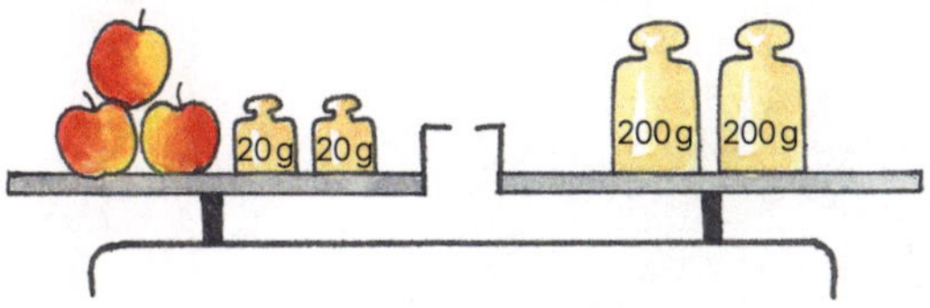

d) 50 g · 20 g · 1000 g

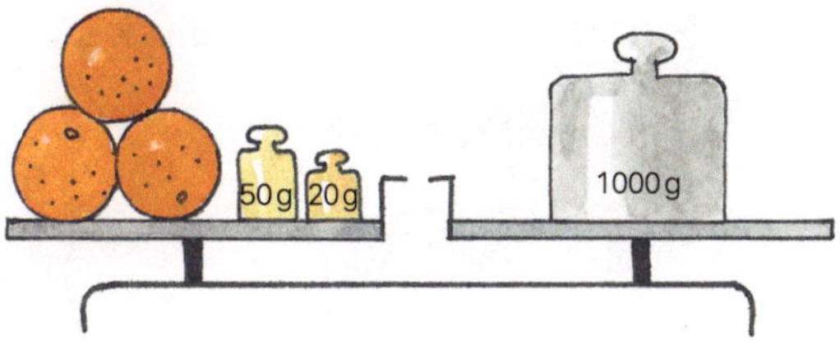

2 a) 500 g · 100 g

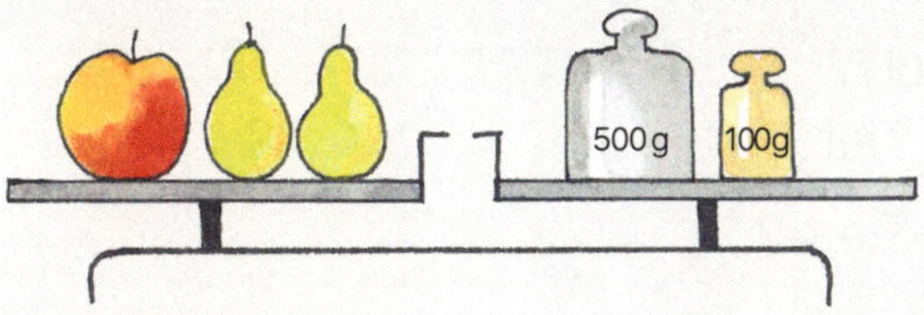

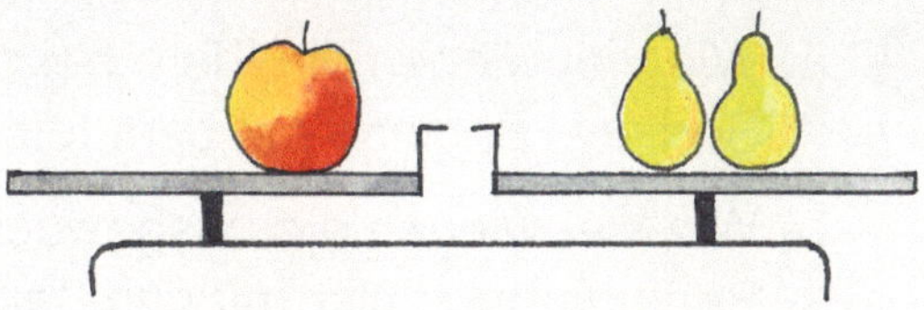

b) 500 g · 200 g · 200 g

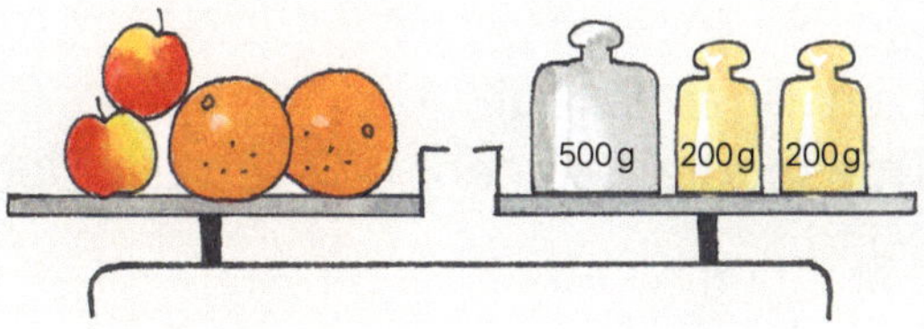

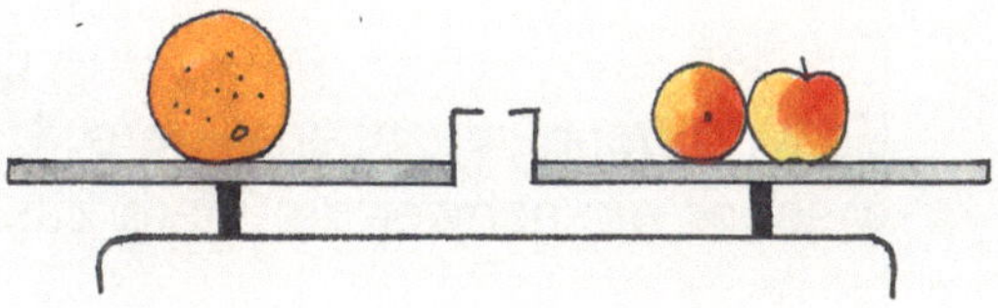

c) 1000 g

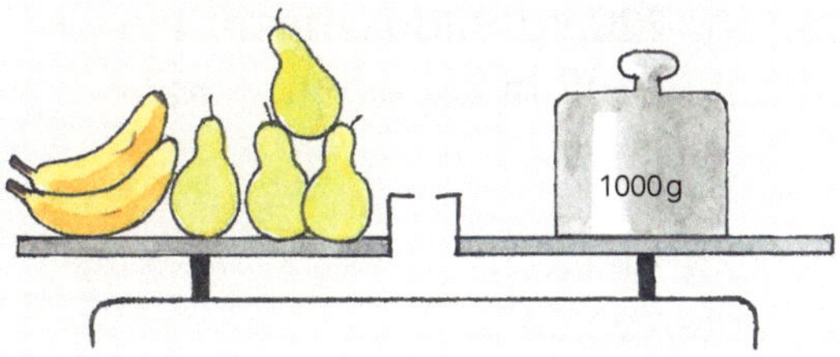

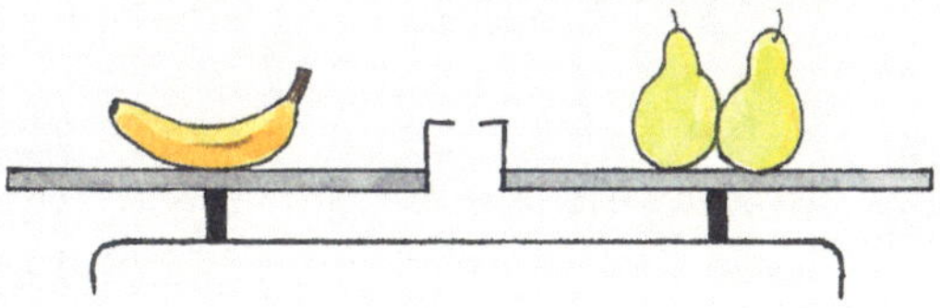

3 Ordne die Kinder nach ihrem Gewicht. Beginne mit dem leichtesten Kind.

a) Noah · Ben · Luis · Ben · Luis · Noah

b) Leonie ist schwerer als Amelie, aber leichter als Pia. Amelie ist schwerer als Mirka.

Gewicht – Rechnen in Sachsituationen

Die Tiere im Zoo wiegen:

Tier	Gewicht eines ausgewachsenen Tieres	Gewicht bei der Geburt
Gorilla	250 kg	2500 g
Elefant	6000 kg	150 kg
Esel	300 kg	11 kg
Giraffe	700 kg	70 kg
Tiger	320 kg	1400 g
Schwarzbär	120 kg	350 g
Seehund	100 kg	10 kg
Eisbär	650 kg	500 g

1 a) Wie viel wiegen die Tiere bei der Geburt?
Sortiere. Beginne mit dem leichtesten Tier.

> 1 a)   Schwarzbär   3 5 0 g

b) Wie viel wiegen die ausgewachsenen Tiere?
Beginne auch hier mit dem leichtesten Tier.

2 Für den Zoo werden zwei neue Esel und ein Tiger gekauft.
Es sind ausgewachsene Tiere. Um den Transport zu planen, müssen die Tierpfleger wissen, wie schwer die Tiere zusammen sind.

3 Jeden Tag fressen die acht Elefanten ungefähr 720 kg Pflanzennahrung.
Wie viel Kilogramm Pflanzen frisst ein Elefant ungefähr an einem Tag?

4 Im Zoo frisst ein Tiger jeden Tag ungefähr 9 kg Fleisch.
Jede Woche wird das Fleisch beim Großhändler bestellt.
Wie viel Kilogramm Fleisch muss der Zoo für zwei Tiger bestellen?

5 Der Eisbär verlässt nach ungefähr drei Monaten das erste Mal seine Höhle.
Dann ist er etwa 30-mal schwerer als bei seiner Geburt.
Wie viel Kilogramm wiegt der Eisbär beim Verlassen der Höhle?

6 Suche dir fünf Tiere aus. Wie viel wiegen die Tiere jetzt mehr als bei ihrer Geburt?
Berechne den Unterschied und schreibe ins Heft.

S8

Recherche: Das Gewicht von weiteren Tieren (ausgewachsen oder bei der Geburt) recherchieren und präsentieren. Fünf ausgewählte Tiere nach ihrem Körpergewicht sortieren.

Sachrechnen mit Größen – Auf Fahrradtour

Nico macht mit seinen Eltern im Sommer eine mehrtägige Radtour an der Ruhr entlang.
Seine beiden besten Freunde Malik und Sam kommen auch mit.

1 Von Dortmund aus fahren sie mit dem Zug nach Winterberg.

Der Zug fährt um 8.23 Uhr ab.

Dann kommen wir um 10.08 Uhr an.

a) Wie viele Minuten sind es noch bis zur Abfahrt?
b) Wie lange dauert die Fahrt?

2 Die Fahrkarte kostet für einen Erwachsenen 21 €. Kinder bezahlen die Hälfte.

3 Für die Radtour haben Nicos Eltern einen Rucksack, zwei Satteltaschen
und zwei neue Fahrradhelme gekauft.

| 23,72 € | 17,15 € | 26,65 € | 49,95 € | 69,99 € |

4 Von den 36 kg Gepäck packen Nicos Eltern jeweils 12 kg in ihre Satteltaschen.
Das übrige Gepäck soll gerecht an die drei Kinder verteilt werden.

5 Die gesamte Strecke ist 230 km lang.
In den ersten zwei Tagen wollen sie 64 km bis Arnsberg fahren.

6 Am Sonntag machen sie in Arnsberg
einen Tag Pause. Nicos Eltern
gehen mit den Kindern
ins Erlebnisbad.

	Eintritt	Zuschlag am Wochenende
Familien-Tageskarte	19 €	1,50 €
(gilt für 2 Erwachsene und 2 Kinder)		
Kinder-Tageskarte	4 €	0,50 €

7 Von Arnsberg aus fahren sie noch 93 km mit dem Rad bis Bochum.
Dort nehmen sie den Zug bis Mülheim.
Die letzten 16 km bis Duisburg fahren sie wieder mit dem Rad.

AH S. 64

S9

Sachrechnen – Daten

1 Für die Schülerzeitung haben Eslem und Felix in ihrer Klasse eine Umfrage zum Thema „Lieblingstier" gemacht.

a) Wie viele Kinder haben sich für Delfin, Hund, Katze oder Pferd entschieden?
b) Zeichne ein Balkendiagramm wie Felix.
c) Was ist mit den „anderen"? Welche Tiere könnten das sein?
   Warum sind sie nicht einzeln genannt?

2 Das Säulendiagramm zeigt die Anzahl der Kinder der Marktschule an,
die ein Haustier haben und die Anzahl der Kinder, die kein Haustier haben.

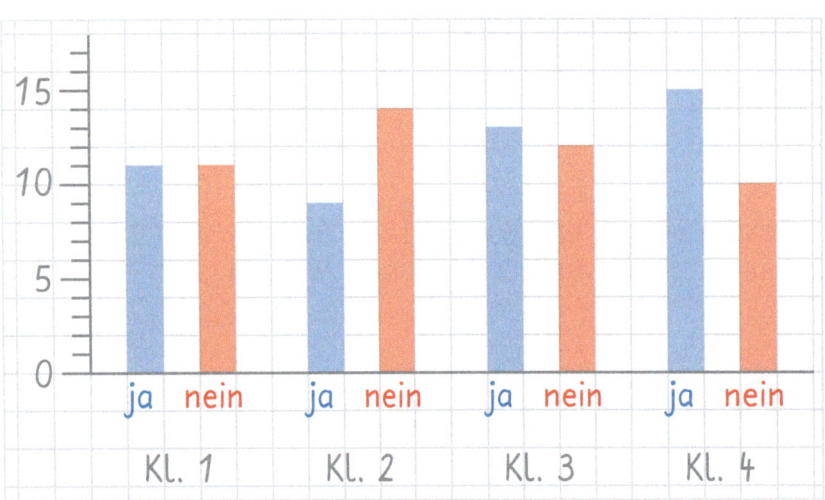

2 c)		ja	nein
Kl. 1		1	1
Kl. 2			
Kl. 3			
Kl. 4			
alle			

a) Was heißt Kl. 1 und was heißt Kl. 2?
b) Wie kannst du ablesen, wie viele Kinder
   ein Haustier haben und wie viele nicht?
c) Übertrage die Daten in eine Tabelle.
   Wie viele Kinder haben insgesamt ein Haustier?

3 Macht eine eigene Umfrage in eurer Klasse. Ihr könnt zum Beispiel
nach dem Lieblingstier oder der Lieblingsfarbe oder dem Lieblingshobby fragen.

a) Wie könnt ihr die Antworten am besten aufschreiben?
b) Zeichnet auch ein Diagramm für eure Ergebnisse.

AH S. 65

Sachrechnen – Daten

1 Jedes Jahr veranstalten die vier Grundschulen Ratsschule (R), Dorfschule (D), Waldschule (W) und Marktschule (M) ein Fußballturnier.
Dabei spielt jeder gegen jeden. Hier sind die Ergebnisse:

R – D	3 : 1		W – R	2 : 1
W – M	1 : 1		D – M	2 : 2
D – W	1 : 3		M – R	1 : 2

Für einen Sieg gibt es 3 Punkte,
für ein Unentschieden gibt es 1 Punkt,
für eine Niederlage gibt es 0 Punkte.

a) Erstellt eine Tabelle.
b) Welche Mannschaft hat das Turnier gewonnen?

1 a) Mannschaft	Punkte	Platz
R	6	

2 Nächstes Jahr möchte die Sonnenschule auch am Turnier teilnehmen.
a) Wie viele Spiele gibt es dann insgesamt? Begründet.
b) Wie viele Spiele bestreitet jede Mannschaft?

3 Bei einem anderen Fußballturnier sieht die Tabelle vor den letzten drei Spielen so aus:

Platz	Mannschaft	Punkte
1.	F	10
2.	B	8
3.	E	6
4.	D	5
5.	C	2
6.	A	1

a) Hier sind die Ergebnisse der letzten drei Spiele:

| F – B | 2 : 2 | | C – A | 1 : 0 | und | E – D | 1 : 2 |

Sieg	3 Punkte
Unentschieden	1 Punkt
Niederlage	0 Punkte

Schreibt die neue Tabelle auf.

b) Verändert die Ergebnisse der letzten drei Spiele so, dass folgende Tabelle stimmt:

Platz	Mannschaft	Punkte
1.	B	11
2.	F	10
3.	E	7
4.	D	6
5.	A	4
6.	C	2

4 Organisiert mit einigen Kindern ein Turnier. Ihr könnt zum Beispiel Tischtennis oder Federball spielen. Haltet die Ergebnisse fest. Erstellt eine Tabelle.

Sachrechnen – Daten und Zufall

1 Till, Mick und Lia spielen mit Oma Mensch-ärgere-dich-nicht.
Till ist sauer, weil Lia immer Sechsen würfelt und er nur Einsen.
„Dein Würfel ist gemein!
Der würfelt viel bessere Zahlen als meiner."
Oma meint, das stimme nicht.

Was meint ihr? Probiert es aus.
Wie könnt ihr eure Ergebnisse aufschreiben?

2 Flex und Flo würfeln mit zwei Würfeln. „Schon wieder eine Sieben!", ruft Flex.
Flo meint: „Die Sieben bekommt man ja auch am häufigsten!"

a) Würfelt fünfzigmal mit zwei Würfeln.
   Legt eine Strichliste an.

Würfel-summe	Häufigkeit
2	I
3	
4	II
5	
6	
7	III
8	
9	
10	
11	I
12	

Sprechblase (Flex): 5 und 2 also 7

Sprechblase (Flo): 4 und 3 also auch 7

b) Welche Möglichkeiten gibt es, die Würfelsummen 2, 3, 4, 5, 6, 7, 8, 9, 10, 11 und 12 zu erhalten?

2 b)	Würfelsumme	2:	1 – 1	
	Würfelsumme	3:	1 – 2,	2 – 1

c) Hat Flo mit seiner Behauptung recht gehabt, dass man die Sieben am häufigsten bekommt? Begründet.

3 Welche Würfelsummen gibt es beim Würfeln mit vier Würfeln?

Sachrechnen – Zufall und Wahrscheinlichkeit

1 Ergänzt die Aussage immer so, dass sie für die Gläser stimmt.

A  B  C  D

Eine rote Kugel zu ziehen, ist ...

sicher   unmöglich   möglich

2 Rot gewinnt. Ihr dürft mit geschlossenen Augen eine Kugel ziehen.

A    B

a) Bei welchem Glas ist es wahrscheinlicher, eine rote Kugel zu ziehen?
Vermutet.

b) Überprüft eure Vermutung.

Zieht aus jedem Glas 20-mal
mit geschlossenen Augen.
Legt die Kugel
immer wieder zurück.
Legt eine Strichliste an.

1 b)	A	rot	gelb	B	rot	gelb

3 An einer Losbude auf der Kirmes stehen drei Los-Trommeln mit Losen zur Auswahl.
Bei welcher Los-Trommel habt ihr die größte Gewinnchance?

A    B    C

A: 50 Gewinne 100 Nieten
B: 30 Gewinne 50 Nieten
C: 20 Gewinne 50 Nieten

4 In der Los-Trommel sind noch elf Lose übrig, davon sind fünf Gewinne und sechs Nieten.

 Ich ziehe sieben Lose.   Ich ziehe viermal.

Melik und Inka behaupten: „Ich habe ganz sicher gewonnen!"

Was sagt ihr dazu?
Begründet eure Meinung.

2 Für die Aufgabe werden rote und gelbe Kugeln (oder Würfel o. Ä.) und Gläser
oder Schälchen benötigt.

45

Sachrechnen – Zufall und Wahrscheinlichkeit

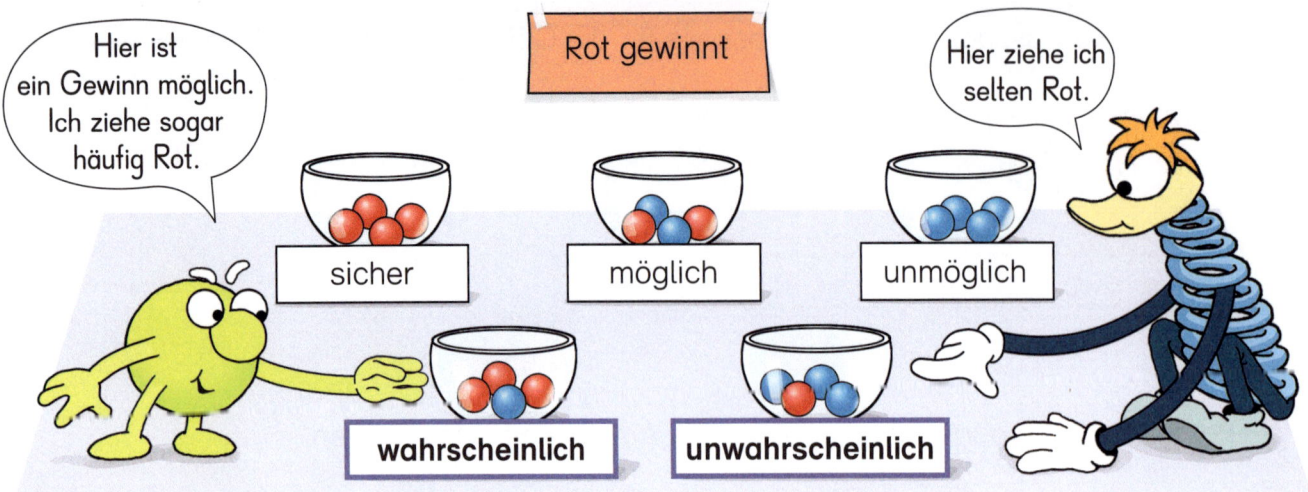

1 Wer hat die größere Gewinnchance?
Flex oder Flo? Begründet.

2

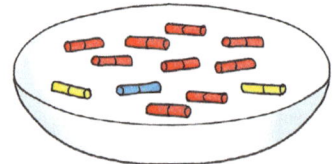  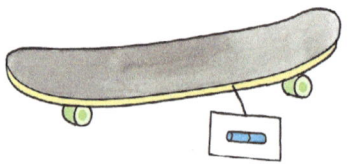 

a) Richtig oder falsch?

A Es ist sicher, dass du ein Stofftier gewinnst.

B Es ist unmöglich, dass du einen Ball gewinnst.

C Es ist unwahrscheinlich, dass du ein Skateboard gewinnst.

D Es ist wahrscheinlich, dass du einen Ball gewinnst.

E Es ist möglich, dass du ein Skateboard gewinnst.

b) Wie muss die Los-Trommel gefüllt sein, damit die Aussage A stimmt?

3 Ordne die Sätze den Fachbegriffen zu.

| sicher | wahrscheinlich | unwahrscheinlich | unmöglich |

A Alle Kinder waren einmal Babys.

B In einem Monat hat Can sechs Wochen Schule.

C Alle Kinder in deiner Klasse mögen Eis.

D Theo hat zweimal im Jahr Geburtstag.

E Es regnet einen Monat lang jeden Tag.

F Ayla geht zwischen 19.30 und 20.30 ins Bett.

G Beim Würfeln mit zwei Würfeln beträgt die Augenzahl dreimal hintereinander 11.

4 Findet eigene Beispiele zu den Fachbegriffen.

| sicher | wahrscheinlich | unwahrscheinlich | unmöglich |

AH S. 66   20 A–D

Sachrechnen – Kombinieren

1 Herr Kämpfer möchte für seine Enkelkinder Geschenke einpacken.
Jedes Päckchen soll anders aussehen.
Er hat gelbes und grünes Geschenkpapier und rotes und blaues Geschenkband.
Auf jedes Paket möchte er noch einen Sticker kleben,
er hat Sticker in lila und in orange.

a) Wie viele verschiedene Päckchen kann er packen?

b) An welche Stelle gehören diese Päckchen?
Ordne sie den Zahlen zu.

A    B    C

c) Zeichne die beiden fehlenden Päckchen und
ordne sie den Zahlen zu.

2 Oskars großer Bruder hat die PIN-Nummer
für sein Handy vergessen.
Er weiß noch, dass die erste Ziffer eine 3 ist.
Die anderen Ziffern sind 5, 7 und 9.
Die Reihenfolge weiß er aber nicht mehr.
Er versucht alle Möglichkeiten für die Reihenfolge zu finden.

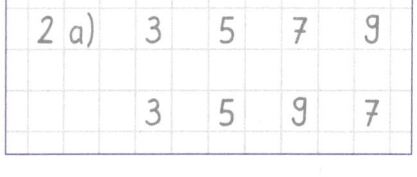

a) Welche Möglichkeiten gibt es?

b) Oskars PIN-Nummer besteht aus
den vier Ziffern 1, 2, 4 und 8.
Wie viele Möglichkeiten
für die Reihenfolge gibt es?

3 Beim Treffen auf der Skaterbahn
klatschen sich die Skater ab,
wenn sie sich begrüßen.
Heute sind fünf Skater da. Jeder begrüßt jeden.
Wie oft klatschen sich alle zusammen ab?

Ihr könnt eine Skizze in eurem Heft zeichnen
oder mit anderen Kindern nachspielen.

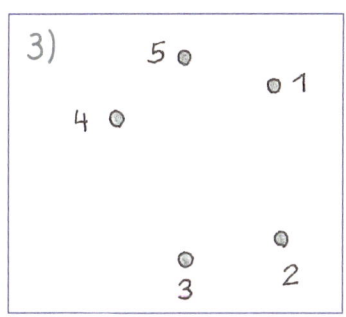

Werkzeuge fürs Coding – Algorithmen

Der Roboter Flex bewegt sich nur auf Befehl.
Er kann nur vorwärts gehen und sich auf der Stelle drehen.

Programmier-Befehle und ihre Bedeutungen:

■ Gehe auf Start. Blicke in Pfeilrichtung.

↑ Gehe ein Feld vorwärts.

↱ Drehe dich nach rechts.

↰ Drehe dich nach links.

Mehrere Befehle hintereinander ergeben ein Programm.

Gehe auf Start. Blicke in Pfeilrichtung. Gehe ein Feld vorwärts. Drehe dich nach rechts. Gehe ein Feld vorwärts.

1 Welches Programm passt zu welcher Schatzkarte?

A ▨ ↑ ↑ ↰ ↑   B ▨ ↑ ↱ ↑ ↑   C ▨ ↑ ↑ ↱ ↑

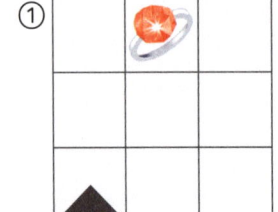 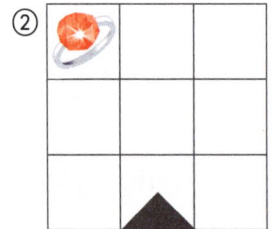 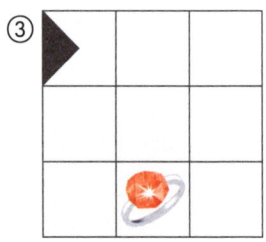

2 Schreibe ein Programm für den eingezeichneten Weg.

a)
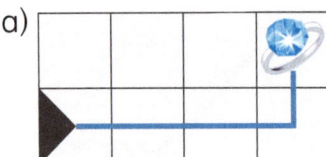

b)
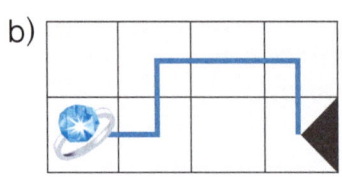

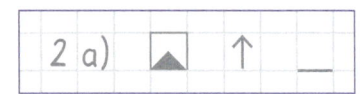

2 a) ▨ ↑ ___

3 a) Finde zwei unterschiedliche Wege zum Schatz.
Schreibe die Programme.

b) Vergleiche deine Programme mit deinem Partnerkind.
Wie viele Befehle habt ihr gebraucht?

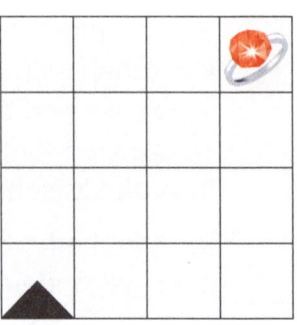

Algorithmen sind Beschreibungen von Handlungsschritten. Sie sind ein wesentlicher Baustein von Programmierungen. Beim Programmieren (Coding) werden sie in eine präzise, formale Programmier-Sprache übertragen und dabei durch Verallgemeinerungen und Zusammenfassungen so übersichtlich und kurz wie möglich dargestellt.

Werkzeuge fürs Coding – Algorithmen

1 Schreibe kürzer.

a) ◣ ↑ ↑ ↑ ↑ ↱ ↑ ↑ ↑

b) ◣ ↱ ↑ ↑ ↱ ↑ ↑ ↑ ↑

c) ◣ ↑ ↑ ↑ ↑ ↑ ↱ ↑ ↑ ↑ ↱ ↑ ↑ ↑ ↑

d) ◣ ↑ ↑ ↱ ↑ ↑ ↑ ↰ ↑ ↑ ↑ ↑ ↰ ↑

1 a)	◣		4 ↑		↱		3 ↑

2 Schreibe zu allen Wegen ein Programm mit möglichst wenig Befehlen.

2)	blauer Weg:	◣	3 ↑ ___
	grüner Weg:		

3 Finde das Programm mit den wenigsten Befehlen zum Schatz. Schreibe es auf.

a)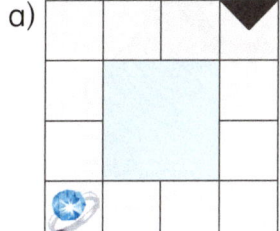

b)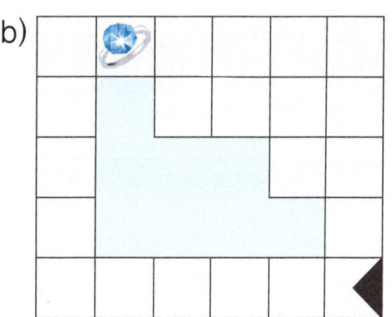

4 Stimmt es oder stimmt es nicht?

a) Zum blauen Schatz: Es gibt ein Programm mit vier Befehlen.

b) Zum roten Schatz: Das kürzeste Programm hat vier Befehle.

c) Zum gelben Schatz: Es gibt drei Programme mit drei Befehlen.

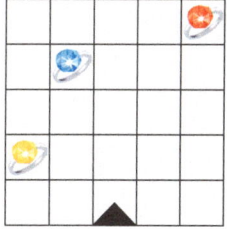

5 Schreibe eigene Aussagen zur Schatzkarte von Aufgabe 4.
Dein Partnerkind überprüft sie.

Kopiervorlage zum Einzeichnen der Wege in der Handreichung/BiBox für Lehrer/-innen.

49

Flo spielt „Tiere raten" am Computer:
Der Computer zeigt Flo vier Tiere.
Flo sucht sich heimlich eins aus.
Dann stellt der Computer ihm Fragen.
Flo antwortet mit „ja" und „nein".
Am Ende zeigt der Computer das richtige Tier.

Löwe

Huhn

Kuh

Schlange

Lebt das Tier auf dem Bauernhof?

NEIN | JA

Hat das Tier ein Fell?

NEIN | JA

Flex möchte wissen, wie der Computer das Tier gefunden hat.
Dafür hat er zu Flos Spiel ein Diagramm gezeichnet.

Lebt das Tier auf dem Bauernhof?
ja → Hat das Tier ein Fell? ja → Kuh / nein → Huhn
nein → Hat das Tier ein Fell? ja → Löwe / nein → Schlange

Dieses Diagramm nennt man Entscheidungs-baum.

1 An welcher Stelle steht welches Tier in diesem Entscheidungsbaum?

Löwe | Huhn | Kuh | Schlange

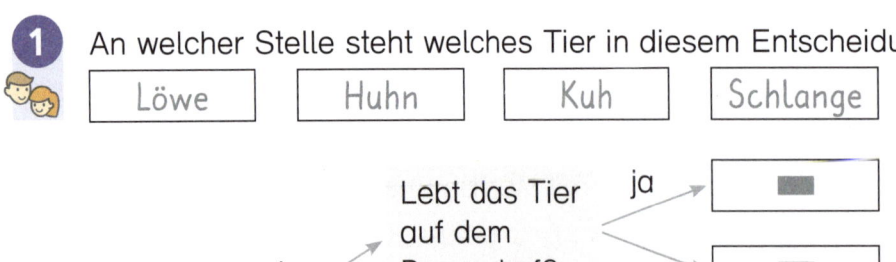

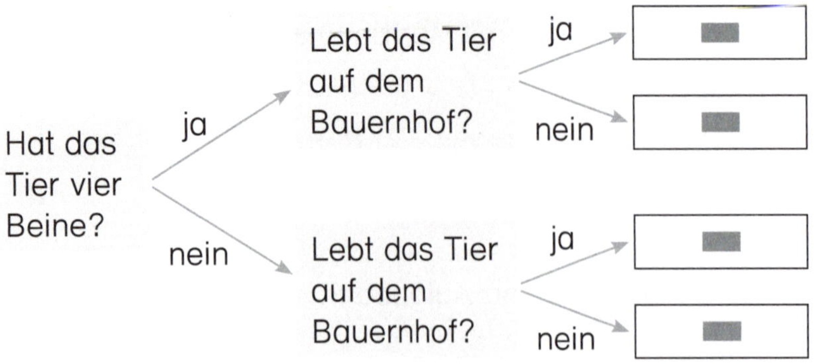

1)	Antworten	Tier
	ja, ja	Kuh
	ja, nein	
	nein, ja	
	nein, nein	

Entscheidungsbäume werden genutzt, wenn Computer Eingaben mit zuvor festgelegten Ausgaben verknüpfen sollen, z.B. wenn ein Computer lernen soll, Tiere in verschiedene Gruppen einzuteilen oder nach einer bestimmten Antwort auf eine Frage eine sinnvolle Anschlussfrage zu stellen (Maschinelles Lernen). Sie werden auch eingesetzt, um den Aufbau eines Programms zu modellieren/ zu optimieren.

Werkzeuge fürs Coding – Entscheidungsbäume

1 An welcher Stelle steht welches Tier in diesem Entscheidungsbaum?

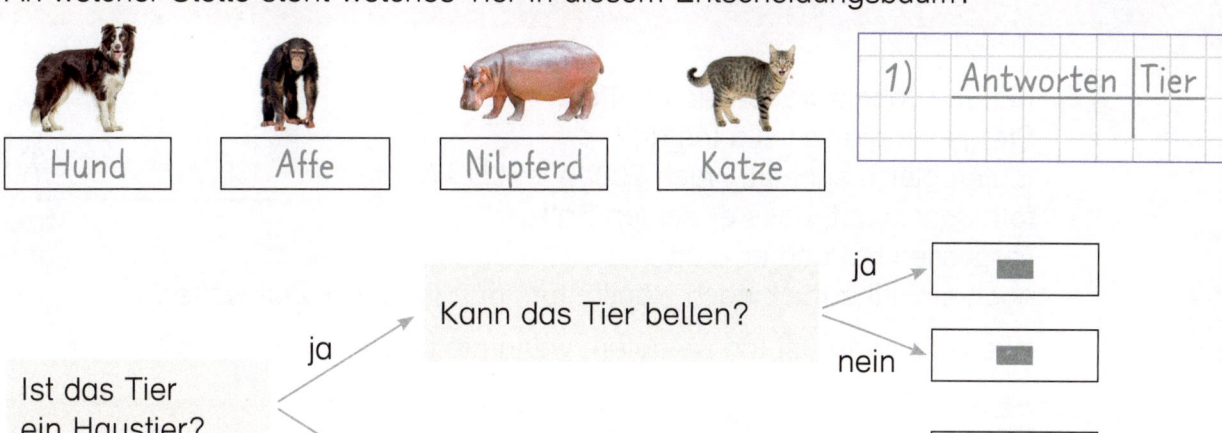

1)	Antworten	Tier

Ist das Tier ein Haustier?

ja → Kann das Tier bellen?
  ja → ▭
  nein → ▭

nein → Kann das Tier auf Bäume klettern?
  ja → ▭
  nein → ▭

2 An welcher Stelle müssen die Fragen stehen, damit der Entscheidungsbaum stimmt?

A
ja → B
  ja → Eichhörnchen
  nein → Reh
nein → C
  ja → Huhn
  nein → Kuh

2)	A - ___
	B - ___
	C - ___

① Kann das Tier auf Bäume klettern?

② Lebt das Tier im Wald?

③ Hat das Tier zwei Beine?

3 a) Finde passende Fragen.

A
ja → B
  ja → Katze
  nein → Eichhörnchen
nein → C
  ja → Hund
  nein → Reh

3 a)	A:
	B:
	C:

b) Dein Partnerkind kontrolliert, ob die Fragen passen.

Blanko-Kopiervorlage zur Notation von Entscheidungsbäumen in der Handreichung/BiBox für Lehrer/-innen.

51

Entdecken und knobeln

 Ida und Jannis wollen sich treffen. Sie gehen gleichzeitig los und laufen gleich schnell. Nach 200 m fällt Jannis auf, dass er seinen Ball vergessen hat und er geht noch einmal zurück nach Hause. Ida läuft in dieser Zeit weiter.

Wie viele Meter ist Ida gelaufen, wenn die beiden sich treffen?

2 Kann das stimmen? Begründe.

a) In einem Portemonnaie sind 195 €. Es sind vier Scheine.

b) In einem Portemonnaie sind 275 €. Es sind vier Scheine.

3 Liv, Emilio, Merlin und Alisa vergleichen, wie viel Geld jeder hat.

Wie viel Geld hat jedes Kind?

4 Wie spät ist es?
Eine Uhr zeigt die richtige Zeit.
Die blaue Uhr geht um 15 Minuten vor oder 15 Minuten nach.
Die grüne Uhr geht weniger als 30 Minuten vor.

1 Die Aufgabe eignet sich im Anschluss an Seite 9.
2, 3 Die Aufgaben eignen sich im Anschluss an Seite 11.
4 Die Aufgabe eignet sich im Anschluss an Seite 24.

5 Familie Hense wandert im Urlaub vier Tage lang.
Am ersten Tag laufen sie 10 km. Am nächsten Tag sind es $2\frac{1}{2}$ km weniger.
Weil sie am dritten Tag eine längere Pause an einem See machen wollen,
ist die Strecke nur halb so lang wie am ersten Tag.
Insgesamt laufen sie $35\frac{1}{2}$ km.

Wie weit ist Familie Hense jeden Tag gelaufen?

 6 Wie viel wiegt ein Apfel, eine Birne, eine Orange und eine Banane?

 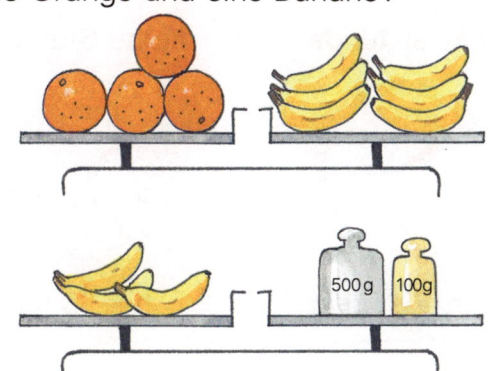

 7 Ziehe eine Kugel. Ist es

sicher , wahrscheinlich ,

unwahrscheinlich oder unmöglich ?

| A | Die Zahl auf der Kugel ist gerade. | B | Die Zahl auf der Kugel ist durch 4 teilbar. | C | Die Zahl auf der Kugel ist durch 4 und 7 teilbar. |

 8 Marie sagt zu ihrer kleinen Schwester Lea:
„Wenn du mir ein Bonbon abgibst, habe ich doppelt so viele wie du."
Lea antwortet empört:
„Gib du mir lieber ein Bonbon ab, dann haben wir wenigstens gleich viele!"

Wie viele Bonbons hat jedes Kind?

5 Die Aufgabe eignet sich im Anschluss an Seite 34.
6 Die Aufgabe eignet sich im Anschluss an Seite 39.
7 Die Aufgabe eignet sich im Anschluss an Seite 46.
8 Die Aufgabe eignet sich im Anschluss an Seite 47.

Fachwörter und Redemittel

Geld

Drei Euro
fünfundzwanzig Cent

Drei Komma
zwei fünf Euro

325 ct = 3 € 25 ct = 3,25 €

Das Komma trennt Euro und Cent.

Zeit

Minute und **Sekunde**

1 Minute hat 60 Sekunden.
1 min = 60 s

Zeit

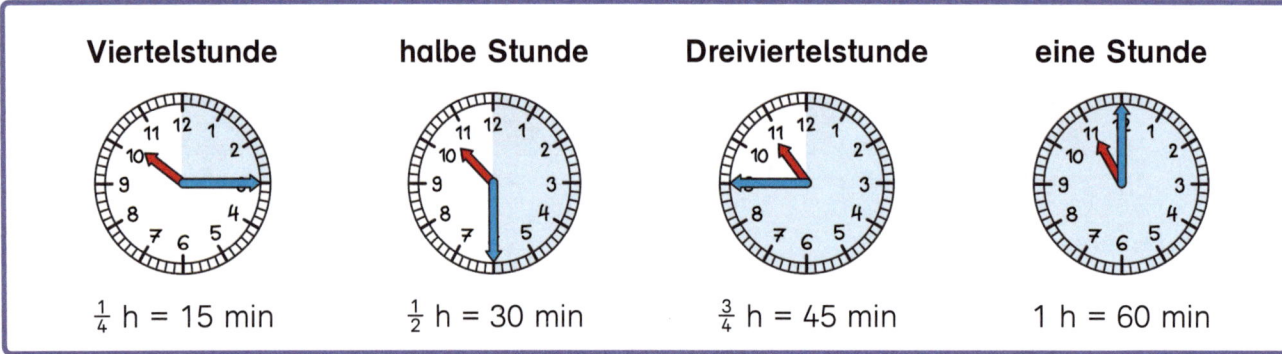

Viertelstunde	halbe Stunde	Dreiviertelstunde	eine Stunde
$\frac{1}{4}$ h = 15 min	$\frac{1}{2}$ h = 30 min	$\frac{3}{4}$ h = 45 min	1 h = 60 min

Längen

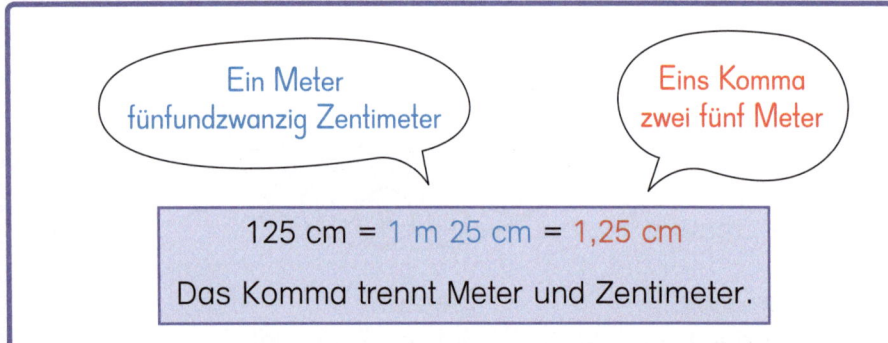

Ein Meter
fünfundzwanzig Zentimeter

Eins Komma
zwei fünf Meter

125 cm = 1 m 25 cm = 1,25 cm

Das Komma trennt Meter und Zentimeter.

Meter, Zentimeter, Dezimeter und **Millimeter**

1 Meter hat 100 Zentimeter.
1 m = 100 cm

1 Dezimeter hat 10 Zentimeter.
1 dm = 10 cm

1 Zentimeter hat 10 Millimeter.
1 cm = 10 mm

Kilometer und **Meter**

Ein Kilometer hat 1000 Meter.
1 km = 1000 m
Ein halber Kilometer hat 500 Meter.
$\frac{1}{2}$ km = 500 m
Ein viertel Kilometer hat 250 Meter.
$\frac{1}{4}$ km = 250 m
Ein dreiviertel Kilometer hat 750 Meter.
$\frac{3}{4}$ km = 750 m

Gewicht

Kilogramm und Gramm

Ein Kilogramm hat 1000 Gramm.
1 kg = 1000 g
Ein halbes Kilogramm hat 500 Gramm.
$\frac{1}{2}$ kg = 500 g
Ein viertel Kilogramm hat 250 Gramm.
$\frac{1}{4}$ kg = 250 g

Sachrechnen – Daten

Balkendiagramm

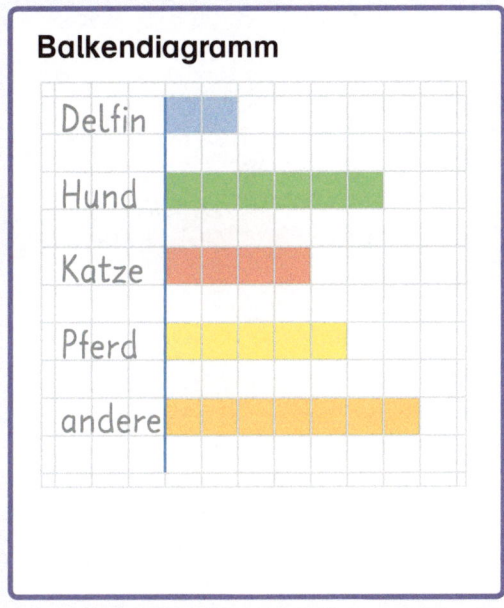

Delfin
Hund
Katze
Pferd
andere

Säulendiagramm

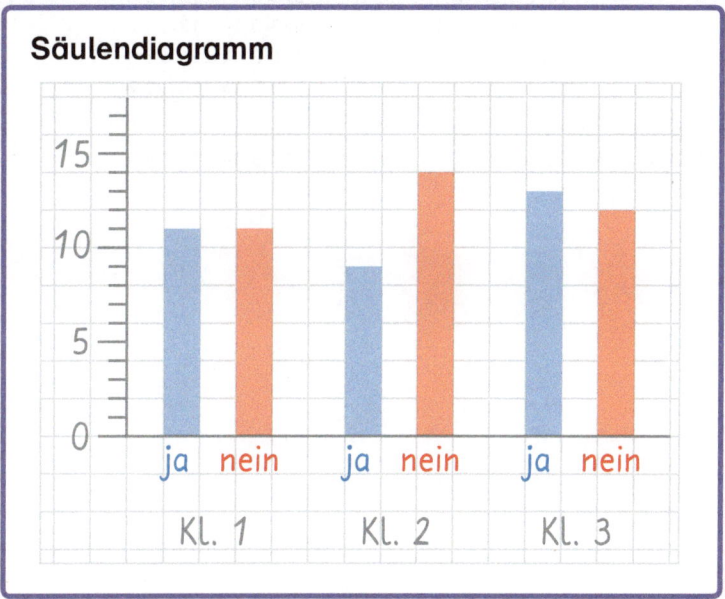

Sachrechnen – Zufall und Wahrscheinlichkeit

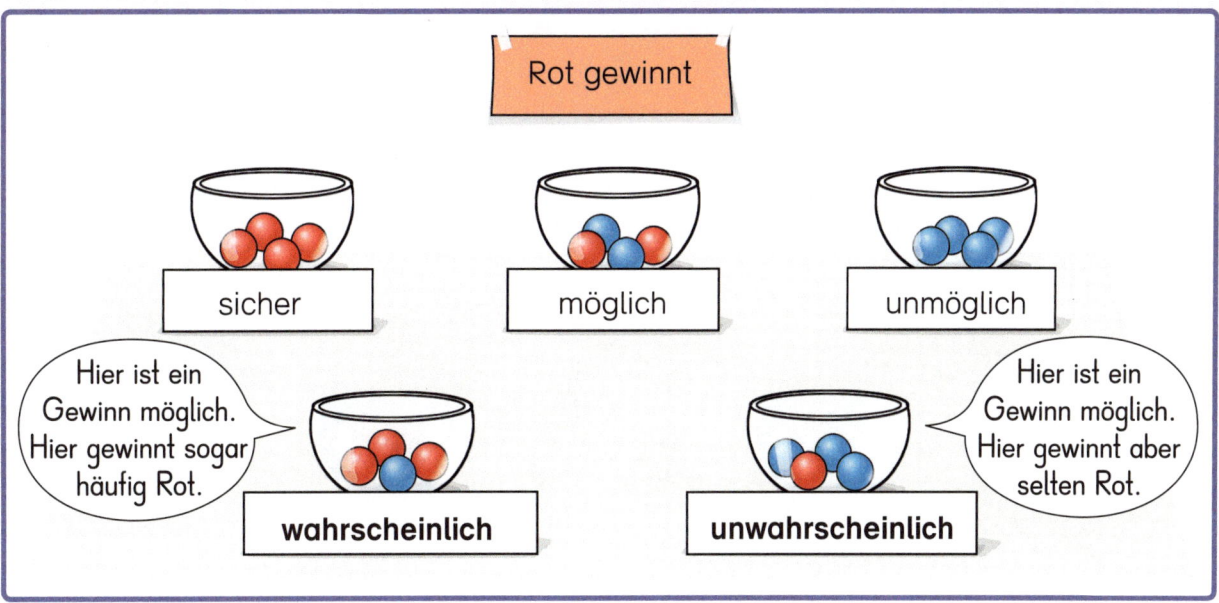

Flex und Flo für das 3. Schuljahr

MATERIALIEN FÜR
SCHÜLERINNEN UND SCHÜLER

Addieren und Subtrahieren 3 978-3-14-118210-1
Multiplizieren und Dividieren 3 978-3-14-118211-8
Geometrie 3.. 978-3-14-118212-5
Sachrechnen und Größen 3........................... 978-3-14-118213-2

Lernpaket 3
4 Themenhefte + Beilagen............................ 978-3-14-118214-9
BiBox für Schüler/-innen WEB-14-118229

ZUSATZMATERIALIEN
Arbeitsheft 3 978-3-14-118217-0
Trainingsheft 3... 978-3-14-118246-0

Themenhefte inklusiv C
Addieren und Subtrahieren (C) 978-3-14-118419-8
Multiplizieren und Dividieren (C).................... 978-3-14-118420-4
Geometrie (C)... 978-3-14-118421-1
Sachrechnen und Größen (C)......................... 978-3-14-118422-8

Lernpaket inklusiv C
4 Themenhefte + Beilagen 978-3-14-118418-1

MATERIALIEN FÜR
LEHRERINNEN UND LEHRER

Handreichung 3... 978-3-14-118219-4
BiBox für Lehrer/-innen 3, *Einzellizenz* WEB-14-118230
                                    Kollegiumslizenz WEB-14-118232
Kopiervorlagen 3 978-3-14-118236-1
Förder-Kopiervorlagen 3 978-3-14-118238-5
Forder-Kopiervorlagen 3 978-3-14-118240-8
Lernwege-Karten 3... 978-3-14-118243-9
Diagnoseheft 3 ....,,,,,,,,,,, ... 070-3-14-118233-0
Entdeckerkartei 3 978-3-14-118245-3

10 Sätze Hunderter, Zehner, Einer 978-3-14-118270-5